호서대 글로벌창업대학원 창업가들의

퍼스널브랜딩 창업 성공 가이드

vol.2

관점을 바꾸는 8가지 퍼스널브랜딩

호서대 글로벌창업대학원 창업가들의 퍼스널브랜딩 창업 성공 가이드 vol.2

관점을 바꾸는 8가지 퍼스널브랜딩

발행일	2022년 8월 26일
지은이	박남규, 신유경, 권태신, 박혜경, 권태현, 송정숙, 신승희, 김성윤, 김영신
지도교수	호서대학교 글로벌창업대학원 창업경영학과장 박남규 교수 / 창업경영전문가
총괄기획	리커리어북스 대표 한현정
표지디자인	최현규
본문디자인	한수희
편집	배진용
펴낸곳	리커리어북스
발행인	한현정
출판등록	제2021-000125호
주소	서울특별시 강남구 언주로 134길 6, 202호 A224 (논현동)
대표전화	02-6958-8555
홈페이지	www.recareerbooks.com
제휴 및 기타 문의	ask@recareerbooks.com

ISBN   979-11-974647-4-4 03320 (종이책)   979-11-974647-5-1 05320 (전자책)

호서대 글로벌창업대학원 창업가들의
퍼스널브랜딩 창업성공가이드 vol. 2

관점을 바꾸는 8가지
퍼스널브랜딩

박남규 신유경 권태신 박혜경 권태현 송정숙 신승희 김성윤 김영신

리커리어북스
Re:career Books

호서대학교
HOSEO UNIVERSITY

본서의 지도교수인 박남규 교수를 처음 만난 건 스타트업 투자자를 양성하는 전문 엔젤투자자 교육장에서였다. 인상 좋고, 목소리 좋고, 성품까지 좋아서 모두의 인기를 독차지하다가 결국 전문 엔젤교육 동기회 회장으로까지 추대가 되었다. 이후 인천의 모 창업지원기관의 멘토로 추천을 받았는데 창업 기업의 어려운 점에 진심으로 공감하고 함께 고민하고 해결하려 노력하는, 보기 드물게 좋은 멘토라는 평이었다. 공공투자기관에 근무하고 있던 나는 투자 기업을 심사하는 투자심사위원회에 박남규 교수를 초청하였고, 민간투자기관에서 오는 심사위원과 다르게 진심으로 창업자의 이야기를 경청하고 심사보다는 진심 어린 조언을 해주려는 모습에 가슴이 참으로 따스한 사람이라고 생각했다.

이후 박남규 교수로부터 그동안의 경험에 대해서 듣게 되었는데, 창업자의 이야기에 공감하는 능력과 사업 아이템을 깊이 이해할 수 있는 능력은 그동안 쌓아온 다양한 경험에서 비롯되었음을 알 수 있었다. 20년 동안 제품·로봇 개발자로 일하면서 제조 기업의 제품 기획, 설계, 생산까지를 경험해보았고, 보험 영업도 하면서 절실한 마음으로 제품을 팔아야 하는 스타트업과 비슷한 마음을 경험하였으며, 창업 교수로 재직하면서 창업 이론까지 겸비한, 그야말로 현장 경험과 창업 마인드에 지식까지 갖춘, 스타트업 멘토링에 최적화된 교수였다.

지속적으로 확대되는 정부의 창업 정책과, 창업하기가 점점 쉬워지는 환경 속에서 창업자들은 끊임없이 양산되고 있다. 학부를 막 졸업한 20대 청년부터 은퇴 후 새출발하는 시니어까지 연령대뿐만 아니라 각자 다양한 경험의 창업자가 있다. 창업과 투자 지원을 하면서 느끼는 점은 창업자들 모두 본인의 전문 분야에 대해서는 누구보다 뛰어나지만, 다른 분야에 대해서는 문외한인 경우가 종종 있었다. 이런 경우에 각 분야의 전문가에게 멘토링을 받는 게 필요하다. 또한 창업 후 제품개발, 마케팅, 인력관리 등의 어려움을 해소할 때 함께 기업을 경영하는 동료 창업 기업에게서 뜻밖의 솔루션을 얻는 경우도 있었다.

　본서에서는 다양한 분야의 창업가들이 본인의 창업 스토리를 풀어놓았기 때문에, 이제 갓 창업한 신생 창업 기업부터 성장 단계에 있는 기업까지 모두 간접 경험을 통하여 도움이 될 수 있는 책이라 본다. 창업 기업의 강점인 빠른 실행을 위하여, 그리고 시행착오를 줄이기 위하여 본서에 기술된 다양한 창업 기업들의 스토리를 간접 경험한다면 많은 도움이 될 것이다. 또한 창업 기업이 아닌 개인들 또한 지도 교수인 박남규 교수가 제시하는 퍼스널브랜딩의 가치에 공감하고 그것을 이해한다면 인생 100세 시대에 개인의 브랜드 경쟁력을 정립하는 데 많은 도움이 될 것이다.

　투자한 기업들 중, 회사가 큰 규모로 성장한다면 후배 창업 기업에게 투자와 멘토링을 하고 싶다고 하는 창업자들이 있다. 본서의 지도 교수인 박남규 교수도 창업 지도 전문 교수로서 멋진 창업자를 발굴하고 조언하는 전문투자자의 길을 걸어가고 있다.

이렇게 선한 목적의 멘토와 선배 창업 기업들로 창업 투자 순환 생태계가 활성화되는 데에 이 책이 큰 보탬이 될 수 있기를 소망한다.

인천창조경제혁신센터 투자본부장

장안나

『열한 가지 찐 창업 이야기』로 시작한 호서대 글로벌창업대학원생들의 퍼스널브랜딩 출판을 2022년부터는 시리즈로 연재하게 되었다. 그리고 이번에 시리즈의 두 번째 책, 『퍼스널브랜딩 창업 성공 가이드 vol. 2 — 관점을 바꾸는 8가지 퍼스널브랜딩』을 세상에 내놓았다. 시리즈의 첫 번째 책『삶의 나침반이 되는 인생 창업 스토리』에 이어 이번 책이 빠르게 나올 수 있었던 이유는, 2021년 대학원 퍼스널브랜딩 출판 수업에 참여한 스물네 명의 원생들이 한 권에 여덟 명씩 공저로 참여하고, 권별 완성도를 높이면서 순차적으로 출간하는 방식으로 진행되었기 때문이다.

실화를 바탕으로 한 '인생 창업 이야기'에 대한 독자들의 반응은 기대 이상이었다. 책이 나오자마자 유명 창업잡지사인 「창업&프랜차이즈」 기자로부터 CEO 라이브러리 첫 장에 소개하고 싶다는 연락을 받았다. 포기하고 싶었는데 다시 시작할 용기를 얻었고, 교훈과 감동을 얻었다는 독자도 있었다. 이는 전국 교보문고 오프라인 매장 매대에 한 달 이상 전시되는 놀라운 결과로 이어지기도 했다.

두 번째 진로를 준비하는 분들을 대상으로 브랜딩 출판을 진행하면서 책 쓰기에 관련한 거의 모든 책들을 섭렵하기 위해 노력했다. 수십 권의 글쓰기 책들에서 내가 찾은 핵심은 스토리텔링의 힘에 대한 것이었다. 처음 책을 쓴 작가들의 이야기가 이러한 독자들의 반응을 이끌어낼 수 있었던 것은 솔직한 자기의 경험을 바탕으로 쓴 생생한 내러티브이기 때문이다. 8주간의 수업을 통해 작가들은 자신을 깊이 들여다보는 시간을 가졌다. 이 과정은 생각보다 만만한 작업이 아니었다. 공저라 쉽게 뛰어들었다는 어떤 작가는 글을 쓰는 과정에서 아픈 과거가 떠올라 수십 번 글쓰기를 멈췄다고 했고, 마음 깊숙이 눌러놓은 자신의 어릴 적 꿈을 만났다는 작가도 있었다.

이 책은 창업을 준비하고 있지만, 누구에게 조언을 구해야 할지 막막한 분들에게 들려주고 싶은 선배의 경험담이라고 해도 좋겠다. 누구나 삶의 고비가 있다. 여덟 명의 작가들이 어떻게 삶의 난관을 넘었는지 따라가다 보면, 비슷한 고민을 하며 동시대를 사는 우리에게 살아가는 방법을 알려줄 것이다. 각자의 가능성을 발견하고, 자신만의 퍼스널브랜딩을 구축할 수 있도록 헌신적인 지도로 이끌어주신 호서대학교 글로벌창업대학원 창업경영학과장 박남규 교수님과, 바쁜 생업 가운데서도 학업과 출판의 고된 과정을 묵묵히 이겨낸 작가들에게 경의와 함께 깊은 감사의 말씀을 드린다.

리커리어북스 대표

한현정

100세 시대, 대한민국 모두가 행복한 창업을 꿈꾸며

『퍼스널브랜딩 창업 성공 가이드 vol. 1』을 출간한 후에 많은 호응과 피드백이 있었다. 유명한 서점 매대의 추천도서가 되었으며, 향후 창업 교육 교재로 사용할 예정이라는 피드백도 받았다. 2021년 퍼스널브랜딩 출판 수업에 참여한 호서대 글로벌창업대학원생들이 책 속의 주인공이 되어 첫 출간이 진행되었으며, 앞으로도 시리즈로 출간이 진행될 예정이다. 공동출간에 동참한 저자들은 인생의 주인공으로서 세상의 롤모델이 되어 각자의 분야에서 행복한 창업을 인도하는 리더이자 멘토 역할을 할 것이며, 이러한 경험의 축적은 차별화되고 성공 가능성이 높은 비즈니스 모델을 만들어내어 결국은 성공 창업의 기초가 될 것이다.

요즈음 손흥민 축구선수로 인한 경제적 파급효과는 2조 원에 육박한다고 한다. 아시아인으로서의 한계를 극복하고 축구의 원조 나라인 영국에서 아시아 최초 잉글랜드 프리미어리그(EPL) 득점왕에 등극했다. 그런 손흥민의 인성과 그를 뒷받침한 한국의 교육 방식은 한국의 국격을 높이고 있다. 퍼스널브랜드 파워를 기반으로 'NOS7' 런칭을 통해 창업을 하였다. 개인의 브랜드가 자연스럽게 사업으로 연결되는 시대가 되었으며, 이러한 시작의 첫 출발이 『퍼스널브랜딩 창업 성공 가이드』 시리즈가 될 것이다.

2022년 하반기인 현재까지 코로나 사태와 우크라이나 전쟁으로 모두가 힘든 시기를 보내고 있다. 병균과 전쟁으로 인한 원자재 수급난은 인플레이션으로 이어져서, 월급만으로는 미래를 준비하기 어려운 시대가 되었다. 2020년 코로나로 촉발된 비대면 언택트 수요는 미래의 온라인 재택근무 환경을 앞당겼다. 2년 이상 유지된 비대면 방식의 일상은 생활 방식을 바꾸면서 새로운 문화가 되었다. 이전으로 돌아가기보다는 Zoom을 활용한 온라인 미팅이 더 익숙한 것은 나만의 생각은 아닐 것이다.

2000년 인터넷의 출현, 2010년 애플사의 아이폰(iPhone)을 시작으로 내 손안의 PC 스마트폰의 출현, 2020년 테슬라의 전기차 모델 3(Model 3)에 이르기까지 OTA[1]와 FSD[2] 구현과 같은 혁신적인 제품·서비스는 10년 주기로 일상생활에서 새로운 사고방식과 생활 양식의 문화를 창조해왔다. 2030년 기술 트렌드를 대비하여 어떤 준비를 해야 할 것인가?

---

[1] Over The Air: 무선으로 언제 어디서든 인터넷만 연결이 되면(차량내부 wi-fi) 업데이트가 되는 것
[2] Full Self Driving: 완전 자율주행으로 총 5단계가 있으며 현재는 2단계에 해당

상상이 현실이 되는 세상, 10년 후의 미래를 상상하며

2010년 6월 상상했던 일들이 2022년 3월 현재 그대로 실현되고 있다. 그렇다면 2030년에는 어떤 일들이 일어날 것인가? 10년 후의 미래는 다음과 같을 것이다.

• 전문가의 시대

인터넷에서 해당 분야 전문가를 검색한다. 유튜브 전문가 추천 서비스에서 가장 키워드에 최적화된 전문가의 정보 자료가 검색된다. 특히 1분 이내의 소개 영상을 통해 전문가를 파악하고, 랜딩사이트에 접속하여 프로젝트를 의뢰한다. 전문가는 가격과 시간이 맞으면 즉시 프로젝트를 수락하고, 블록체인과 결합된 메타버스3에서 아바타4 미팅을 진행한다. 인터페이스로는 HMD5를 머리에 쓰고, 손에는 햅틱6 장갑을 끼고 현실에서와 똑같은 가상의 사무실에서 업무를 처리한다.

• 유튜브가 스승, AI는 비서

미래에는 체험교육도 유튜브에서 가능할 것이다. 유저 인터페이스

---

3 metaverse: 가상, 초월을 의미하는 '메타(meta)'와 세계, 우주를 의미하는 '유니버스(universe)'를 합성한 신조어, 3차원에서 실제 생활과 법적으로 인정한 활동인 직업, 금융, 학습 등이 연결된 가상 세계
4 avatar: 사용자가 자신의 역할을 대신하는 존재로 내세우는 애니메이션 캐릭터
5 Head Mounted Display: 머리 부분에 장착해, 이용자의 눈앞에 직접 영상을 제시할 수 있는 디스플레이 장치
6 haptic: 사용자에게 힘, 진동, 모션을 적용함으로써 터치의 느낌을 구현하는 기술

(UI, User Interface)의 발달은 2D 화면에서 벗어나 가상의 3차원 AR[7], VR[8] 기술의 발달로 시각, 청각 이외에도 후각, 미각, 촉각을 통해 실제와 구분이 어려울 정도의 정교한 체험이 가능해질 전망이다. 각자의 콘텐츠는 메타버스 환경에서 비즈니스 모델의 중심에 있으며, 필요한 정보는 차량 이동 중에도 학습이 가능하게 된다. AI[9]는 자율주행에서 기사 역할을 톡톡히 해낼 것이다.

테슬라 전기차는 자율주행 분야에서 가장 앞서고 있으며, 기술적으로는 비전 기반의 정보 축적으로 스스로 진화하는 단계에 접어들었다. 자율주행 3단계부터는 운전의 책임은 제조사에 있으며, 4단계는 완전 자율주행 단계에 접어들고 5단계는 핸들이 생략되는 단계이다. 2030년에는 집을 나서면 전기자동차가 목적지에 스스로 도착하며, 이동 중에도 학습, 영화감상, 휴식 등 다양한 활동을 할 수 있게 된다. Door to Door 생활 방식이 가능하게 될 것이다. 메타버스 환경과 자율주행 기술은 시간과 공간의 경계를 없애며, 주거 환경에서는 자신이 선호하는 시골에서도 모든 것을 할 수 있는 환경이 될 것이다.

• 모든 지식콘텐츠가 보호받는 시대

블록체인과 가상화폐로 개인 콘텐츠의 수익화가 가능하다. 이전에

---

7 Augmented Reality(증강현실): 실제로 존재하는 환경에 가상의 사물이나 정보를 합성하여 마치 원래의 환경에 존재하는 사물처럼 보이도록 하는 컴퓨터 그래픽 기법

8 Virtual Reality(가상현실): 가상의 세계에서 사람이 실제와 같은 체험을 할 수 있도록 하는 최첨단 기술

9 Artificial Intelligence: 인공지능

는 창작한 콘텐츠에 대한 사용 여부를 추적하기가 어려웠다. 데이터를 다른 사람한테 전달하였을 때, 무형의 데이터 유통에 대한 정보 추적이 어려우며 보호를 받을 수 없는 상황이었다.

가장 강력하게 보호를 받는 부분이 음원과 출판 분야이다. 보호를 받을 수 있는 이유는 음원과 출판의 특성상 불특정다수를 대상으로 노출되는 특성이 있기 때문이다. 누구나 정보 접근이 가능하고 이용한 흔적을 확인할 수 있는 기록 수단이 있기에 가능하다. 반면 개인이 창작한 설계 정보나 콘텐츠 정보는 정보 사용의 은밀성으로 유통 및 사용에 대한 과금이 불가능하다.

그러나 블록체인과 연결된 정보는 사용한 흔적들이 각각의 노드[10]라고 불리는 개인 컴퓨터에 모두 기록·저장되므로 사용 이력에 대한 추적이 가능하며, 과금이 가능하게 된다. 그러므로 블록체인 기술과 결합된 지식콘텐츠는 이력 추적이 가능하게 되어 과금이 가능한 환경 하에 있게 된다.

• 디지털화폐의 출현과 지식산업의 활성화

디지털화폐의 출현은 정보의 폐쇄성으로 인해 보호받지 못하고 사각지대에 놓여 있는 지식콘텐츠의 권리를 보호할 수 있게 된다. 지식콘텐츠에 블록체인 기술이 접목되어 이력 추적이 가능하게 된다. 이력 추적과 함께 디지털화폐(가상화폐)로 즉시 과금이 가능하게 된다. 블록

---

[10] node: 대형 네트워크에서는 장치나 데이터 지점(data point)을 의미. 개인용 컴퓨터, 휴대전화, 프린터와 같은 정보처리 장치에 해당

체인 기술과 디지털화폐(가상화폐)는 새로운 비즈니스 생태계를 탄생시킬 것이다.

• 결제 비용 제로와 은행 없는 세상의 도래

결제 비용은 금융결제와 제품전달의 양방향 동시성으로 인하여 한쪽이라도 이행이 되지 않을 위험에 대한 헷지[11]를 위하여 지급하는 비용이다. 결제와 유통에 대한 위험에 대하여 중간 유통 에이전트(Agent)가 개입하면서 비용이 상승한다. 예로, 부동산 거래에서 거래 위험을 줄이기 위하여 공인중개사에게 수수료를 지급한다. 온라인 결제에서 카드사를 이용하는 것은 신용결제 수수료가 발생하더라도 거래 위험을 카드사가 부담하는 구조이다.

그러나 블록체인 기술은 제품·서비스에 대한 이력 확인의 신뢰성과 편리성 및 결재의 편의성으로 거래 위험을 원천적으로 제거한다. 블록체인 기술이 보급되면 블록체인 기반의 디지털화폐(가상화폐)를 중개하는 플랫폼 채널이 활성화되며, 은행 기능을 대체할 것이다. 거래 수수료가 없으며, 다양한 디지털화폐(가상화폐)의 환전에 따른 수수료 수입으로 운영되는 비즈니스 플랫폼이 탄생할 것이다.

• 프로슈머의 신자급자족 시대의 도래

3D 프린터가 가정에 보급되면서 설계 데이터를 스스로 생산하거나 기존 데이터를 전송받아 출력해서 사용하는 문화가 도래할 것이다.

---

11 hedge: 울타리, 대비책이라는 뜻으로 외부로부터의 위험을 피한다는 의미

필요한 부분을 직접 디자인하거나, 타인이 만든 설계 데이터를 구매하여 3D 프린팅 장비를 통해 직접 제작한다. 물건이 오가는 것이 아니라 데이터가 유통되는 시대가 도래할 것이다. 가정에서 데이터를 3D 프린터로 출력하여 직접 만들어 사용하는 신자급자족(新自給自足) 문화가 대세가 될 것이다.

• 비용 제로 사회의 도래

2030년 스마트홈 기술은 에너지 제로 하우스[12]의 시대를 가능하게 할 것이다. 집에서 배출되는 모든 쓰레기는 에너지로 재생되며, 태양광발전 효율의 상승 및 전기저장 기술의 발전은 유지비용 제로 하우스의 시대를 열게 된다. 집의 냉난방과 취사에 사용되는 모든 에너지는 집에서 자급자족이 가능하게 된다. 집을 한번 지으면 이후에는 유지를 위한 비용이 발생하지 않으므로 삶의 질이 향상된다. 전기자동차는 스마트홈에서 전기를 저장하는 댐 기능을 할 것이다. 남는 전기는 스마트그리드[13] 기술에 의하여 매매되며 가정의 재정에 도움을 줄 것이다. 도심 거주에 대한 주거비와 자동차의 불필요, 공유경제, 전기자동차 및 에너지 제로 주택 기술의 발전과 자급자족형 도시농업 환경은 고정비용이 없는 윤택한 전원생활을 가능케 한다.

---

12 외부로부터 에너지를 공급받지 않고 자체적으로 에너지를 생산·사용하며, 내부의 에너지가 외부로 유출되는 것을 차단하여 에너지를 절약하는 친환경 건축물

13 smart grid: 전력 공급자와 소비자가 실시간 정보를 교환함으로써 에너지 효율을 최적화하는 차세대 지능형 전력망

• AI와 인간의 차별화된 영역, 콘텐츠 시대의 도래

과거의 서플라이 체인(SCM, Supply Chain Management) 관점에서 소비자에게 제품·서비스가 제공되기까지 원재료 구입, 제조, 유통, 판매라는 일련의 과정을 거쳤다면, 현재는 개인별 바코드에 해당하는 스마트폰을 중심으로 네트워크, 플랫폼, 디바이스, 콘텐츠가 부가가치에 관여한다. 네트워크는 통신속도로 5G에 해당하며 주로 통신인프라에 해당한다. 플랫폼은 오퍼레이팅 시스템으로 애플 진영은 iOS, 안드로이드 진영은 android OS가 이에 해당한다. 디바이스는 스마트폰 제조업체로 애플폰과 삼성폰, 중국폰이 대표적이다. 콘텐츠는 어플리케이션으로 아이디어를 앱(App)형태로 만든다. 이를 줄여서 N.P.D.C. 로 표현하며, Network, Platform, Device, Contents라고 한다. 10년 후에 기술은 진화할 것이다. 기술은 성숙할 것이나 소비자가 체감하는 만족도에서는 Contents 이외에는 차이점을 인지하지 못하게 될 것이다. 통신속도가 빨라지고, 반응속도가 빨라지며, 스마트폰의 기능이 추가되어도 인간의 인지능력으로는 미래에도 지금과 똑같이 느낄 것이다. 반면 새로운 앱(App)은 계속 진화를 거듭하며, 메타버스 환경에서 새로운 비즈니스 환경에 노출되며 각 개인 퍼스널브랜드 기반으로 N잡러들의 활동은 가속화될 전망이다.

• 인플루언스 시대의 도래와 퍼스널브랜드 창업

4차 산업혁명과 100세 시대의 메가트렌드는 새로운 관점에서의 마케팅 접근을 요구한다. 사회관계망서비스(SNS, Social Network Service)

에서 활동하는 인플루언서(influencer)는 팬덤[14]을 형성하며 새로운 트렌드를 주도하고 있다. 인플루언서는 타인에게 영향력을 끼치는 사람이라는 뜻으로, influence와 '-er'이 합쳐진 신조어이다. 주로 SNS상에서 영향력이 큰 사람을 일컫는다. 인터넷이 발전하면서 소셜미디어의 영향력이 확대되면서, 소셜미디어를 통해 일반인들이 생산한 콘텐츠가 대중미디어 이상의 영향력을 가지게 되었다. 인플루언서들이 SNS를 통해 공유하는 특정 제품 또는 특정 브랜드에 대한 의견이나 평가는 콘텐츠를 소비하는 이용자들의 인식과 구매 결정에 커다란 영향을 끼친다.

이들은 연예인처럼 외모나 퍼포먼스로 인기를 얻지도 않음에도 불구하고, 자신들이 자체적으로 생산하는 문화콘텐츠를 통해 큰 파급력을 가진다는 특징이 있다. 인플루언서의 또다른 특징은 퍼스널브랜드를 기반으로 수익구조를 실현하고 있다는 것이다. 이를 퍼스널브랜드 창업이라고 한다. 퍼스널브랜드 창업이란, 전문가로서 인정받아 자신의 이름을 걸고 강의, 컨설팅, 멘토링, 심사, 조언 및 용역개발, 과제수행을 하는 1인 창업의 형태이다.

10년 후, AI와 행복한 창업을 준비하며

2020년 메가트렌드를 기반으로 2030년 메타버스 환경에서 AI를 활

14　fandom: 가수, 배우, 운동선수 따위의 유명인이나 특정 분야를 지나치게 좋아하는 사람이나 그 무리

용한 나만의 비즈니스 모델을 만들기 위해 준비해야 할 것은 다음과
같다.

• 명확한 미션과 비전이 반영된 퍼스널브랜드를 준비하자

세상과 차별화되는 자신만의 분야를 개척하는 것이 중요하다. 지금
은 미흡하지만 10년 후의 나의 분야를 지금부터 준비하는 것이 중요
하다. 여러분의 상상력이 필요하다. 세상이 필요로 하는 곳에서 내가
하고 싶은 분야와 앞으로 준비할 수 있는 분야를 일치시키는 노력이
필요하다.

이러한 과정은 방향을 잡는 작업이다. 방향은 처음부터 쉽게 정해
지지 않는다. 계획된 실패를 통해서 타당성을 검증하는 과정이며, 이
를 창업이라고 정의한다. 방황을 통해서 방향이 잡힌다. 거주하고 있
는 동네를 파악하려면 산책과 같은 방황이 필요하다. 방황에는 지피
지기의 정신이 녹아 있다. 치열한 방황은 건물을 높이 세우기 위해서
구덩이를 넓고 깊게 파는 것과 같다. 남들이 겪지 않은, 힘든 고난은
인생의 높은 성공 업적이라는 건물을 올리기 위한 터파기 작업이다.
남들과 차별화된, 나만을 수식하는 키워드 3개를 개발하자.

• 레퍼런스를 만들자

레퍼런스는 증거자료이다. 세상은 나의 레퍼런스로 나를 판단한다.
레퍼런스의 구축 결과는 인터넷에 검색되는 키워드이다. 네이버 인물
검색에 자신의 이름이 검색되는 것이 1차 목표가 되어야 한다. 과거에
는 나를 아는 친구나 동료의 평가가 나의 레퍼런스였다면, 지금은 온

라인상에서 나의 연관검색어가 레퍼런스가 되는 시대가 되었다.

레퍼런스는 자신의 책, 학위논문, 등재논문, 사업계획서를 통한 투자유치 실적 및 결과물, 강의 콘텐츠 개발을 통한 유튜브 영상자료, 석·박사 학위, 자격증 등이다. 레퍼런스는 개인의 역량을 보증하는 증서이다. 공인된 방식의 자격 검증 방식을 따르는 레퍼런스를 통해 자신이 어떤 일을 하고 있는지 세상에 어필해야 한다.

• 출판의 가성비를 활용하자

출판은 레퍼런스로서 가장 가성비가 좋다. 저자의 의도를 가장 잘 전달할 수 있으며, 출판 형식도 다양하다. 책은 내용 품질과는 별개로 휴지통에 들어가지 않는다. 정서적으로 책이기 때문에 소중히 다룬다. 일반적인 제안서나 소개서 형식은 책장에 보관되지 않지만, 책은 진열된다. 책을 소중히 여기는 문화가 있기 때문이다.

책을 출판하는 것은 생각보다 쉽다. 책 출판을 출판사가 주도한다고 생각하면 그것은 출판에 대한 고정관념이다. 자비출판을 통해 쉽게 출간할 수 있다.

• 출판을 시작으로 자신의 인생 방향성을 세우자

출판은 자신과의 싸움이다. 스스로 방황을 해보는 과정이다. 책을 쓰자니 무엇을 말해야 할지 모르겠고, 막막함과 마주하게 된다. 일을 만들어서 고민하는 것이다. 여기 공저자들은 출간에서는 초보자들이다. 멋진 경력과 문체를 뽐내기 위한 책이 아니다. 인생을 진지하게 고민하고 미래를 준비하기 위해 어려운 여정에 나선 용기 있는 분들이다. 그리고 첫걸음을 떼는 데 성공한 분들이다. 책을 통해서 인생 방향성을 세우고 자신만의 포지셔닝을 찾은 분들이다. 그 결과물이 이름을 수식하는 퍼스널브랜드이다. 창업생태학자, 인생창업네비게이터, 창업경영전문가가 나를 수식하는 퍼스널브랜드이다.

같이할 수 있는 인생 친구를 만나서 반가울 뿐이다. 이해해주고 같이 동참해주신 리커리어북스 한현정 대표를 비롯해 호서대학교 글로벌창업대학원 학생들에게 진심으로 감사의 마음을 전한다.

10년 후의 전문가들과 함께하며

지난 2021년 겨울과 2022년 봄을 맞이하며 24명의 출판 전사들은 매주 토요일 저녁 8시부터 11시까지 화상 프로그램 화면에서 강의와 회의를 하면서 치열한 작업을 진행하였다. 처음에는 28명으로 시작했지만 몇 분은 다양한 이유로 중간에 그만두기도 했다. 24명의 최종 완주자들은 앞으로 3권의 출판을 통해 전문가로 활동할 것이다.

나의 지혜가 아닌 하나님의 은혜로 진행되었음을 고백한다. 참여한 모든 분에게 축복이 함께하기를 기도하며 감사의 말씀을 드린다.

호서대 글로벌창업대학원 창업경영학과 교수·학과장

박남규

/ 목차 /

추천사   5

발간사   8

서문 퍼스널브랜드   10

30대의 아기 엄마, 노하우 판매로 월 천만 원을 벌다
/ 노하우창업디렉터 신유경

1. 수입자동화, 2개월 일하고 3년치 수입 확보   28

2. 경험이 돈이 되는 마법, 나만의 노하우를 팔다   37

3. 나도 가능할까? 누구에게나 노하우는 있다   53

의료 경단녀, 창업에 도전하다
/ 의료서비스디자이너 권태신

1. 다시, 생활전선으로 뛰어들어야 했다   66

2. 의료 경단여성, 도전을 시작하다   72

3. 인생 업그레이드 이야기   82

디자이너로 21년, 마침내 7.5평 카페를 디자인하다

/ 카페가치디자이너 박혜경

1. 오너를 꿈꾸는 디자이너   100

2. 내 삶을 바꾼 7.5평의 공간   104

3. 가치를 만드는 디자이너   127

경력의 관점을 디자인하라

/ 자기(自起)경력디자이너 권태현

1. 40대, 나의 현주소   134

2. 하지 않았던 길이 나의 길   146

3. 믿는 대로 될 것이다   156

요즘 노후대비의 필수코스, 신탁과 성년후견제도

/ 신탁후견컨설턴트 송정숙

1. 누구나 이용할 수 있는 신탁과 후견   166

2. 알면 도움되는, 신탁이 꼭 필요한 이유   170

3. 후견제도 알아보기   177

4. 은행 퇴직 후 1년, 신탁후견컨설턴트로 이어지는 여정   185

무작정 뛰어든 공간정리 사업으로 인생을 바꾸다

/ 공간치유정리전문가 신승희

1. 공간정리 사업의 시작은 청소 아르바이트   194
2. 삶을 바꾸는 공간정리법   203
3. 인생까지도 바꿔놓은 공간정리   211

시골로 시집왔습니다

/ 팜마케터 김성윤

1. 도시 처녀, 시골로 시집가다   222
2. 시골에서 돈 벌기   226
3. 목표가 바뀌었어요   232
4. 농사도 돈이 될 수 있다   240

30년 경력 사진작가도 반드시 지키는 사진의 기본

/ 브랜딩포토그래퍼 김영신

1. 30년째 사진을 배우는 사진작가   252
2. 잘 찍은 사진의 힘   256
3. 사진의 기록으로 돈을 버는 사람들   271

에필로그   275

30대의 아기 엄마, 노하우 판매로 월 천만 원을 벌다

1. 수입자동화, 2개월 일하고 3년치 수입 확보
2. 경험이 돈이 되는 마법, 나만의 노하우를 팔다
3. 나도 가능할까? 누구에게나 노하우는 있다

신유경
노하우창업디렉터

신유경 / 노하우창업디렉터

◇ **학력**

    호서대학교 글로벌창업대학원 창업경영학과 석사

    숙명여자대학교 경제학과 학사

◇ **경력 및 이력**

    現 노하우창업 교육컨설팅 오드랩 대표

    現 학원교육 라이크에듀 대표

    現 클래스101 수공예창업 분야 인기강사

    현대백화점 엑스퍼트 수공예창업 전문강사

    정부 창업맞춤형 사업화 외 지원사업 다수

◇ **이메일 / SNS**

    이메일: ode-lab@naver.com

    블로그: 오드랩

    카카오채널: 오드랩(카카오톡 ID 검색: odelab)

집필동기

취업이 시작되는 대학교 4학년, 아무리 좋은 직장을 다녀도 30대에 출산을 하면 퇴사를 고민하는 여성들을 보며 많은 생각이 들었다. 과연 직장생활에 나의 생계를 거는 것이 맞는 것일까? 특히 결혼하고 자녀를 둔 여성에게는 2가지 선택권이 주어진다. 하나, 생계를 위해 아이에게 죄책감을 가지며 버틴다. 둘, 과감한 포기로 경단녀가 되면 사회적인 경쟁력을 잃게 된다. 안타깝지만 주어진 선택권은 둘 다 슬프다.

한 직장에서 뼈를 묻는 것은 옛이야기다. 필자는 대학교 졸업을 앞두고 취업이 아닌 창업을 선택했다. '그 시기가 굳이 지금이어야 하는가'에 대한 고민을 했지만 이미 세상이 변하고 있음을 체감했다. 직장은 나를 책임져주지 않고, 개인은 경쟁력을 키워서 스스로 브랜드가 되어야 한다.

그렇다면 나는 무엇을 할 수 있을까? 지금은 모든 것을 팔 수 있는 세상이다. 상품뿐만이 아니라 나의 경험과 지식을 판매할 수 있다. 심지어 당신이 전문가가 아니라도 말이다! 유튜브에서 요리를 좋아하는 50대 주부, 인테리어를 잘하는 30대 육아맘, 테크에 관심이 많은 20대 청년, 댄스를 좋아하는 10대 소년까지 평범한 사람들의 소소하고 특별한 이야기가 주목받는 세상이 왔다. 바야흐로 지금은 아마추어의 시대이다.

경험과 지식을 판매하는 세상을 목격하고 직접 경험하면서 필자는 이를 '노하우창업'이라고 부른다. 남에게 도움을 줄 수 있는 나만의 비법, 노하우가 있다면 누구든지 노하우창업이 가능하다. 필자가 먼저 경험한 노하우창업 이야기가 도움이 되기를 바란다.

1

수입자동화,
2개월 일하고 3년치 수입 확보

잠자는 동안에 돈이 들어오는 방법을 찾아내지 못한다면 당신은 죽을 때까지 일을 해야만 할 것이다.

- 워렌 버핏

일하지 않아도 돈이 들어온다고?

두근두근, 오늘은 첫 정산일. 일십백천만… 천만. 천만 원을 훌쩍 넘겼다. 기대를 뛰어넘는 성과였다. 그 후로도 매달 수백만 원의 정산금이 통장에 찍혔다. 나에게 크고 작은 월급을 선물했던 것은 바로 온라인강의였다. 두 달간 열심히 제작한 이 강의는 나에게 3년의 강의 수익금을 약속했다. 일하지 않아도 돈이 들어오는 시스템이라니! 책에서만 보던 수입자동화를 직접 경험하는 순간이었다.

순식간에 신뢰받는 강사가 되다

온라인강의를 만들고 나서 나에게는 강사라는 직업이 생겼다. 그것도 단기간에 몸값을 높이면서 말이다! 이것은 단 한 번의 강의 제작이 만든 결과였다. 나는 수공예창업을 했던 경험을 가지고 강의를 만들었고, 당시 유명세나 강의 경력이 거의 없는 사실상 초보 강사였다. 그랬던 내가 지금은 온라인강의를 통해서 매달 꼬박꼬박 정산을 받고, 창업기관에서 강의를 하고, 컨설팅을 한다. 또한 해당 주제로 출판 제의도 받았다. 이는 1년 동안 일어난 일들이다.

30대 아기 엄마, 유명 인플루언서들을 이기다

사실 큰 기대는 없었다

강의를 런칭한 곳은 클래스101이라는 온라인강의 플랫폼이다. 해당 업계에서는 인기나 유명세가 높아 그만큼 보상도 좋다. 그래서 TV에서 보는 연예인이나 유튜버도 꽤 볼 수 있다. 그중에서도 유튜버는 온라인매체 활용에 능숙하기 때문에 외부에서 유치하는 모객파워가 좋은 편이다. 그래서 클래스101에서도 인플루언서들을 전면에 자주 내세운다. 이를 알기에 명성이 없던 나는 큰 기대가 없었다. 그저 클래스101에서 활동한 이력이 향후 나의 브랜딩에 명분을 줄 수 있겠다고 생각했다.

육아맘, 온라인강사로 성공적인 데뷔를 하다

강의 런칭을 하면 1차, 2차에 걸쳐서 한정판 얼리버드(사전예약구매) 강의 판매가 먼저 시작된다. 떨리는 마음으로 강의를 오픈했고 판매가 시작되었다. 설렘과 불안이 교차하는 순간이었다. '1차 완판은 가능할까?', '몇 개나 팔릴까?' 누가 내 강의를 사줄지 걱정되었다. 큰 기대가 없어서 홍보에 소홀했기 때문이다.

하지만 1차 얼리버드(사전예약구매) 강의를 오픈하자, 순식간에 강의 5개가 판매되었다. 깜짝 놀라서 MD에게 연락했다.

"지금 이건 무슨 상황인 건가요?"

"좋은 신호입니다."

이후 5시간 만에 30개의 강의가 완판되었고, 연이어 진행된 2차 얼리버드 강의 50개도 깔끔하게 완판되었다. 곧이어 내 강의는 실시간 베스트셀러 TOP 5에 들었고, 유명 인플루언서들 사이에 내 프로필이 걸렸다. 리스트에는 신사임당, 자청, 홍석천이 내 프로필과 함께 나란히 보였다. 아니, 내가 지금 이분들만큼 강의를 팔고 있다는 얘기인가? 내 뒤로도 유명한 인플루언서들이 보였다. 예상치 못한 전개에 나는 너무 흥분되어 어쩔 줄 몰랐다.

1년이 지난 지금도 강의는 계속해서 팔리고 있다. '오픈발'로 끝나지 않을까 했지만 생각보다 롱런 중이다. 해당 플랫폼에서 사람들의 관심도를 표현하는 하트 수치가 있는데, 내 강의는 개설 시점부터 지금까지 꾸준하게 증가해서 지금은 꽤 높은 누적스코어를 가지고 있다. 즉, 사람들이 내 강의에 호의적이며 나의 성과는 당시의 일시적인 행운이 아니었음을 보여준다.

막상 온라인강의를 판매해보니

초보자에게도 기회가 있다는 것을 알게 되었다. 우리는 흔히 내가 유명하지 않아서, 내가 경험이 없어서라고 말하면서 포기하거나 실행을 미룬다. 하지만 막상 실행하면 성과가 날 수 있는 일들이 많았다. 나는 지금까지 상품부터 서비스까지 여러 유형의 아이템을 판매했는데, 모든 분야에서 전문가였던 적이 없다. 그저 생각만으로 시작한 것이 대부분이다. 어느 분야에서도 처음부터 완벽하게 알고 시작했던 적은 없다.

누군가는 "준비를 철저하게 하지 않다니, 너무나 성급하군"이라고 말할지 모른다. 그렇다면 질문을 하고 싶다. 다음의 둘 중 무엇을 선택할 것인가?

'완벽하게 준비하고 사업하기 vs 일단 사업을 시작하고 완성도 높여가기.'

나는 후자를 선택하는 사람이다. 물론 내가 진행하는 사업들은 사실상 무자본이라 부담이 적어서일지도 모른다. 아이템의 핵심이 완성되면 일단은 세상에 드러내고 피드백을 받으면서 발전시켜나가는 방식이다. 이유는 대부분의 사람은 준비를 하다가 시기를 놓치거나 시작도 전에 지쳐서 나가떨어지기 때문이다. 나는 스스로를 소수의 1%보다는 99%의 일반인의 상황에 대입한다. 나는 남들보다 뛰어난 천재가 아니기 때문이다. 이 책을 보고 있는 독자도 나와 비슷한 99%일 것이라고 생각한다. 그렇다면 '완벽병'에 빠져 시작을 너무 미루지 않기를 바란다.

사업의 원천은 '나'로부터

취업 말고 창업

모두가 취업으로 바쁜 대학교 4학년 시절, 당연하게 여겨지던 취업 준비생의 삶에 의문이 생겼다. 많은 학생들은 대기업에 들어가기 위해서 의심 없이 기나긴 투자를 한다. 12년의 공교육과 사교육을 받고, 성인이 되어 대학교 4년을 포함하여 취업준비까지 16년이 넘는 기간 동안 돈과 시간을 투자한다. 그렇게 들어간 대기업에서는 과연 그만큼의 보상을 해줄까?

모두가 취업하는 중요한 시기에 나는 과감하게 창업을 선택했다. 세상은 변했고, 회사는 나를 위해 존재하지 않는다. 회사와 나는 각자의 필요에 따른 관계라는 것을 인지하는 순간, 내가 약자가 되기 쉽다는 것을 알게 되었다. 일찍이 취직한 친구들은 회사에서 주어진 업무만 하면서 총기를 잃어갔다. 월급의 보상에 중독되고 약자가 되어가는 것이 느껴졌다. 결국 회사와 작별인사를 하는 순간이 오면 나에게 선택권이 없을 것이다. 나는 돈벌이를 위해 약자가 되는 삶을 원하지 않았다. 경제적인 독립성을 위해 하고 싶었던 창업을 과감하게 선택할 수 있었다. 창업을 선택한 이후 나는 물건을 판매해보고 더 나아가 이 경험을 가지고 교육을 하며 서비스까지 하게 되었다. 즉, 유무형의 상품을 모두 판매한 것이다. 내가 이렇게 할 수 있었던 이유는 현실을 그대로 바라보았기 때문이라고 생각한다. 어느 분야든지 통념이라는 것이 발목을 잡는다. 이럴 때 나는 질문을 한다. 이것이 정말 최선일까? 방법은 하나뿐일까?

나에게 투자하는 외로운 시간

나의 20대는 나에 대한 투자의 시간이었다. 새로운 것을 배우고 인사이트를 얻을 때마다 성장을 느끼고 감격했지만, 내 안에서 일어나는 변화는 나만 알 뿐이었다. 지금 생각해보면 사업을 배우기로 마음먹었던 20대 중후반은 정말 외로운 시간이었다. 남들의 눈에, 심지어 가족의 눈에도 돈을 벌지 않고 허황된 무언가를 쫓고 있는 한심한 사람처럼 보였다. 명절에 심야영화를 보며 거실 소파에 누워 있는데, 취업준비를 하던 동생과 삼촌의 대화를 듣게 되었다. 내가 자고 있다고 생각을 했던 건지 "언니처럼 되면 안 되지 않느냐"는 얘기가 얼핏 들렸다. 나는 등을 돌리고 눈물을 흘렸다. 가족은 나를 이해하고 기다려 줄 것이라 생각했는데 현실은 달랐다.

그동안 스스로 확신을 가지고 꿋꿋하게 지내왔지만, 그날은 정말 너무나도 외로웠다. 가족도 보이는 것만 알 뿐이다. 그 이면에 대한 이해를 바라는 것은 내 욕심이었다. 나는 그들을 이해하기로 했고, 원망하지 않았다. 슬퍼해봤자 아무것도 달라지는 것이 없기 때문이다. 그리고 그것은 현실이었다. 누군가는 돈을 벌어서 효도를 하는 시간에 나는 제대로 일하고 있지 않았다. 슬픔과 원망은 그저 나약해질 핑계만

줄 뿐이었다. 나는 나를 찌르는 칼날의 방향을 세상을 향해 바꿔 잡았다.

"보이는 것을 부정하는 사람은 없다. 성과로 보여주자."

사람이 '자산'이 되다

현재 내가 하는 일들의 공통된 특징이 있다. '사람'을 중심으로 일이 진행된다는 것이다. 교육, 컨설팅, 마케팅 등과 같이 사람을 상대하고 사람의 마음을 움직이는 업무의 특성상, 설비나 인프라보다는 내부 시스템과 인적 역량이 핵심이다.

이러한 업무 특징을 가지게 된 배경에는 유대인의 이야기가 있다. 2%의 유대인이 미국의 주요 분야를 점령하고 있다고 한다. 노벨상의 30%가 유대인이며, 그들은 금융, 법률, 의학, 헐리우드 등 지식, 예술 분야 등에서 활약하고 있다.

나라를 잃고 떠돌던 소수민족이 어떻게 세계적인 영향력을 행사하게 되었을까? 그들은 오랜 시간 나라를 잃고 핍박받으면서, 귀중품이나 온갖 잡동사니는 챙길 수가 없었다. 자리를 잡으면 쫓겨나거나 약탈당하기 일쑤였기에, 어디를 가든지 몸뚱이 하나로 다시 일어날 수 있도록 '사람 중심의 사업'에 초점을 맞추게 되었다.

여기서 흥미로운 점은, 돈을 버는 원천에 '사람'이 있다는 것이다. 전통적으로 '사업을 한다'라고 하면 전문기술, 인프라, 돈을 떠올린다. 그래서 사업이란 오랜 시간과 많은 것을 투자해야 하는, 인생을 거는 모험이 되었다. 나 역시 그렇게 보고 배웠기에 대학생 때는 취업부터 준비했다. 아무리 찾아봐도 돈도 없는 대학생이 당장 사업을 하는 방법을 알려주는 사람은 없었기 때문이다.

하지만 세상은 바뀌고 있었다. 무일푼이라도 역량을 갖춘 사람이라면 지금 당장 돈을 벌 수 있다. 그리고 감사하게도 나는 그 변화를 직접 보고 경험할 수 있었다.

2

경험이 돈이 되는 마법,
나만의 노하우를 팔다

◇×◇

당신에게는 쉬운 일이지만 남에게는 경이롭다.

- 데릭 시버스(작가 겸 창업가)

나는 취미로 창업을 했고, 그 '노하우'를 팔았다

노하우를 판다고?

선뜻 이해되지 않을 수 있다. 눈에 보이지 않는 것을 어떻게 팔고, 누가 산다는 것일까.

"나도 수많은 노하우가 있는데, 다 돈이 될 수 있나요?"

누군가 묻는다면, "네, 물론이죠!"라고 답할 거다. 당신의 모든 경험과 지식은 돈이 될 수 있다. 이를 체계화하고 매력적으로 전달하는 것이 내가 '노하우를 파는 방법'이다. 그리고 이 과정을 '노하우창업'이라고 부른다.

수공예품을 판매하던 작가가 어떻게 노하우창업을 하게 되었을까? 노하우창업에 관심이 있다면 궁금증이 생길 것이다. 나도 도전해보고 싶은데 갑자기 사업을 전환하려니 엄두가 나지 않을 수 있다. 그렇다면 내가 경험했던 이야기를 통해 도움을 얻기를 바란다.

시작, 경험하다 - 수공예창업

나의 첫 창업은 수공예창업이었다. 취미로 악세사리를 만들었는데 꾸준히 만들다 보니 물건이 제법 쌓이게 되었다. 하지만 만든 물건을 다 쓰지도 못하고 주변에 선물하는 것도 한계가 있었다. 물건은 쌓이는데 만들기만 할 수는 없고, "이것을 팔 수 있다면 더 자유롭게 취미 활동을 할 수 있지 않을까?"라는 생각으로 수공예품을 만들어 판매하기 시작했다.

처음에는 호기심이었다. 종잣돈은 20만 원 남짓이었기에 가볍게 시작할 수 있었다. 초보라서 전문성도 없고 제품 사진도 어색했지만, 그동안 온라인쇼핑을 했던 경험과 취향을 최대한 반영하려고 노력했다.

판매를 시작한 지 1주일 만에 첫 주문이 들어왔고, 그날은 하루 종일 설레었던 기억이 난다. '어라, 내가 만든 물건을 사네?' 처음에는 가벼운 도전이었지만, 판매가 일어나니 생각이 달라졌다. 그리고 '사업으로 돈은 벌어봤어?'라는 지인의 말에 자극을 받은 뒤, 수공예사업으로 성과를 만들어보겠다는 결심을 했다.

하지만 당시 수공예비즈니스에 대한 정보가 너무 부족했고, 질문에 명확한 답을 주는 전문가도 없었다. 그래서 일단 직접 부딪치면서 시행착오를 겪었다. 고객 반응에 따라서 상품을 다양하게 변형해보기도 하고, 온라인부터 오프라인 플리마켓까지 각종 판매채널도 활용해보고, 물건을 잘 파는 베스트셀러를 분석하면서 그들의 노하우를 터득하려고 애썼다.

첫 매출은 한 달에 몇만 원도 안되는, 형편없는 수준이었다. 하지만 계속된 테스트와 피드백을 통해서 10만 원도 안되던 매출이 300만 원, 500만 원, 1,000만 원을 넘기면서 빠르게 증가했다. 형편없었던 처음을 생각해보면 왕초보가 노력을 통해 얻은 성과였다. 상품을 제작하고 판매하는 것은 전문가의 전유물로 인식하던 시기에, 나는 내 방 한켠에서 취미생활로 돈을 벌고 있었다.

계기, 경험과 지식을 판매하는 세상을 만나다

내가 만든 물건을 누군가 구매한다는 것은 정말 기분 좋은 일이다. 하지만 과도한 업무량으로 다가온다면 이야기가 달라진다. 하나씩 정성을 쏟아 만들던 취미에서, 생산량을 맞추고 기일을 맞춰야 한다면 여유나 힐링을 전혀 생각할 수 없다. 결국 돈이 연결되면 일이 된다. 나는 상품을 기획하고 판매하는 일을 좋아했지만, 반복적으로 생산하는 일은 하고 싶지 않았다. 1인 수공예창업자로서 선택의 기로에 서 있었다. 이제 생산 시스템을 구축해서 제작 문제를 해결하거나, 과감하게 아이템을 바꾸거나, 새로운 사업을 할 타이밍이 왔다고 생각했다.

그러던 중 미국에서는 경험과 지식을 판매하고 경제적 자유도 이룬다는 이야기를 접하게 되었다. 오랜 시간을 투자하여 공신력을 인정받아야 전문가가 되는 전통적인 방식과 달리, 온라인을 통해서 소액으로 사업을 시작하고 비교적 빠른 시간에 성장할 수 있는 세상도 있음을 말해주었다. 이는 미국뿐만 아니라 일본에서도 유사한 트렌드가 일어났고 관련 서적이 쏟아졌다. 처음에는 터무니없다고 생각했지만 책을 볼수록 이것은 세상의 변화임을, 패러다임의 전환이 일어나고 있음을 느꼈다.

'경험과 지식을 판매하는 세상, 앞으로 나아갈 방향은 이거야.' 방향성이 잡히기 시작했다.

과정, 나는 어떤 것을 팔 수 있을까?

바로 사업 아이템을 설계해보았다. 그동안의 경험, 재능, 지식을 쭉 나열했는데 막상 시작하려니 '내가 능력이 되는가'에 대한 고민이 들었다. 세상에는 똑똑한 전문가가 많은데 그 사이에서 지식을 팔면 비웃음을 사지 않을까. 왠지 자격조건을 갖추고 화려한 커리어가 있어야 '지식'이라고 말할 수 있을 것 같았다. 이는 사람들이 지식창업에 쉽게 도전하지 못하는 이유이기도 하다.

반면에 이런 생각도 들었다. 전문가를 떠올리면 비싸고 부담스럽다는 인식이 있다. 하지만 일상 속을 들여다보면, 단지 경험이 부족해서 조언이 필요하거나 혹은 당장 빠른 해결이 필요할 때가 있다. 즉, 작은 단위의 일이라도 때에 따라 아주 절실하고 가치가 있다. 전문가가 아니어도, 아마추어의 도움이라도 충분한 것이다. 이런 생각이 들자 사람들이 당장 궁금해할 질문에 대해 고민했고 누구나 접근하기 좋은 '노하우'라는 단어를 떠올렸다. 지식이라는 단어는 무겁고 부담스럽기 때문이다. 이렇게 부담을 내려놓고 노하우를 제공하는 관점으로 접근하자, 답은 빠르게 나왔다. 남들이 나에게 자주 묻는 것, 수공예창업 이야기! 이 경험을 살려보자!

결과, 경험으로 창업하다 - 수공예창업디렉터

사실 수공예창업이라고 하면 사람들이 호기심은 가지고 있지만 대단하게 생각하지는 않았다. 지금도 수공예창업을 다룬다고 하면 가볍게 생각하는 사람들이 많다. 수공예시장은 작고 마니아적이라고 생각하기 때문이다. 하지만 나는 경험을 통해 기회를 발견했다. 당시 수공예 분야의 교육은 제작기술에 치중되었고, 창업반이라도 비즈니스가 결여된 곳이 많았다. 또한 현장에서 만나본 수공예 작가들에게는 공통점이 있었는데 사업성이 부족하다는 점이었다. 그들은 제작기술과 전문성에 집중했고, 비즈니스에는 관심이 없었다. 고객이 원하는 것보다는 본인의 가치관에 집중했다. 상업적인 얘기를 하면 나를 속물로 보기도 했다. 그런데도 대화를 나눠보면 결국 돈이 없다는 푸념이 뒤따랐다. 왜 돈을 벌고 싶다고 말하지 않을까? 돈이 없으면 내가 하고 싶은 일을 지속할 수 있을까? 결국 돈을 벌기 위해서는 사업을 알아야 하는 것이 아닐까?

그들에게 필요한 것은 명확해 보였고, 이를 통해 곧장 키워드를 도출했다. '수공예와 비즈니스'. 수공예 분야에서 '비즈니스'로 포지션을 특화했고, '수공예창업디렉터'라는 직업을 만들고, '수공예창업연구소'를 세웠다. 그리고 나아갈 방향성과 콘텐츠에 대해서 구체적인 구상을 해나갔다. 그렇게 사무실이나 간판도 없이 컴퓨터 한 대로 노하우 창업을 시작했다.

어디서 판매할까? 나만의 노하우 판매 루트 3가지

나만의 노하우가 있는가? 그렇다면 이를 어떻게 팔 수 있을까? 막상 어디서 어떻게 판매를 해야 할지 막연한 생각이 들 것이다. 이를 위해

3가지 노하우 판매 루트를 소개하겠다.

노하우 판매 루트 ① SNS 활용하기

SNS에는 많은 사람들의 이야기가 담겨 있다. 20대 대학생부터 육아맘, 자영업자, 대기업 마케팅팀까지 다양한 주체들이 일상 기록, 가게 홍보, 브랜딩 등 다양한 목적으로 SNS를 한다. SNS는 추천을 통해 구독할 수도 있지만, 필요에 따라 검색 도구로도 활용된다. 예를 들어 할로윈을 앞둔 육아맘이 '어린이집 할로윈 등원룩'을 검색할 수도 있고, 20대 자취생이 새로 산 '토스트기 사용법'을 검색할 수도 있다. SNS에는 최신 트렌드뿐만 아니라 유용한 팁과 정보가 가득하기 때문이다. 이것은 곧 SNS에서 수많은 노하우가 생산, 소비되고 있음을 말한다.

흥미로운 점은 세대별로 검색도구가 다르다는 점이다. 그동안 텍스트 위주의 포털사이트 검색이 주류였다면, 10~20대 젊은 층에서는 짧고 직관적인 비디오 유형을 선호한다. Z세대(1990년 중반~2000년대 초반 출생)에서는 이미 2018년부터 유튜브 검색량이 네이버를 뛰어넘었다. 영상은 글보다 가독성이 좋고, 짧은 시간에 함축적인 정보를 전달한다. 16부작의 드라마도 1시간 요약본으로 끝내고, 궁금한 정보는 10분 이내의 'how to' 영상으로 해결한다. 나 역시도 필요한 물건이 있으면 유튜브 리뷰를 보고 구매한다. 이것은 국내만의 현상이 아니라 세계적인 현상이다. 우리는 노하우를 판매하는 입장에서 SNS를 적극적으로 활용해야 한다. 이는 예비 고객에게 나를 노출할 기회이다.

구분	콘텐츠의 전달 유형	권장 채널
텍스트	포털사이트 검색 노출을 기반으로 한 양질의 글과 이미지	네이버 블로그, 카카오 브런치, 티스토리 등
이미지	사진이나 카드뉴스 같은 짤막한 콘텐츠	인스타그램, 페이스북
영상	스토리텔링을 갖춘 10분 안팎의 영상	유튜브
	1분 이내 짧은 숏폼 영상	틱톡

보통 SNS를 시작할 때, 가장 먼저 '내가 무엇을 할 수 있는가?'를 떠올린다. 하지만 관점을 바꿔서, '내 고객은 어느 매체를 이용할 것인가?'에 집중해보자. 세대별로 검색도구가 다른 것은 선호하는 정보의 전달유형이 다름을 뜻한다. 이를 고려해서 내 타겟의 동선에 따라 움직이면 훨씬 더 많은 예비 고객을 만날 수 있을 것이다. 따라서 어떤 SNS를 선택할지는 중요한 고려사항 중 하나이다.

노하우 판매 루트 ② 재능마켓 활용하기

요즘은 1인 기업 운영에 있어 최적의 시대이다. 창업 환경이 매우 좋기 때문이다. 물류가 국내를 넘어 해외까지 빠르게 진행된다. 자체 제작에서부터, 각종 행정업무, 택배 시스템 등 회사에서만 갖추던 모든 인프라가 집에서 구현된다. 또한 서비스가 세분화되고 개인화됨에 따라서 1인 기업이 누릴 수 있는 비즈니스 서비스가 많아졌다. 나는 단며칠 만에 새로운 사업을 시작하기도 하는데, 모든 것을 신속하고 저렴하게 진행할 수 있는 서비스와 인프라가 널렸기 때문이다.

　이런 서비스는 어디서 받는 것일까? 지인에게 소개를 받거나 네이버 검색을 할 수도 있지만, 재능마켓을 통해서 서비스를 비교하고 선택하기도 한다. 최근 재능마켓에는 다양한 서비스와 전문가가 있고, 선택지도 많다. 경험이 풍부하고 높은 수준의 서비스를 제공하는 고액의 상위 전문가가 있고, 이제 막 시작해서 경험은 부족하지만 가성비 좋은 입문자도 있다. 여기서 나는 서비스를 이용할 수도 있고, 나의 포지션을 찾아 노하우를 팔 수도 있다.

서비스 유형	권장 채널
서비스(결과물) 제공 및 컨설팅	크몽, 숨고, 네이버 엑스퍼트 등
원데이 클래스	탈잉, 프립, 아이디어스, 네이버 엑스퍼트 등
온라인강의	클래스101, 탈잉, 네이버 엑스퍼트, 베어유, 인프런 등

　이처럼 재능마켓에서는 다양한 유형으로 서비스를 제공할 수 있다. 단순히 수주 형식으로 서비스 결과물을 제공할 수도 있고, 혹은 강의

를 할 수도 있다. 이런 서비스를 판매하기에 앞서 선행되어야 할 것은 '브랜딩'과 '콘텐츠'에 대한 기획이다. 이를 기반으로 매력적인 프로필과 상세페이지를 제작해야 한다. 이제 막 시작한 노하우셀러(seller)는 아직 경험이나 정보가 부족한 편이다. 그래서 서비스 정보를 꾸준하게 업데이트하고 고객 문의에 성의껏 피드백하는 것이 중요하다. 그렇게 하다 보면 나만의 비즈니스 데이터가 쌓이게 된다. 이것이 곧 자산이 될 것이다.

노하우 판매 루트 ③ 온라인강의 개설하기

앞서 말한 SNS나 재능마켓을 통해서 탄탄한 브랜딩을 할 수 있다. 하지만 처음부터 폭발적인 반응을 얻거나 사람들의 신뢰를 얻기는 어렵다. 꾸준한 활동과 소통이 중요하고, 데이터가 누적되려면 시간도 필요하다. 많은 사업이 그렇지만 사람들은 이 과정에서 반응이 없으면 쉽게 지치고 포기한다. 내 사업이지만 누가 시키지 않는 일을 꾸준히 하기란 정말 쉽지 않기 때문이다. 그래서 빠르고 정확한 방법을 선택할 수 있는데 온라인강의가 좋은 대안이 된다. 수입을 자동화하기에도 좋지만, 여러 가지 면에서 매력적인 부분이 많다. 내가 온라인강의를 추천하는 이유를 3가지로 요약하자면 다음과 같다.

첫째, 비교적 단기간에 신뢰를 쌓고 브랜딩할 수 있다. 온라인강의는 강사가 자신을 드러내고 직접 말하기에, 글이나 사진보다 전달력이 훨씬 강하다. 고객에게 빠르고 정확하게 신뢰감을 줄 수 있다. 또한 강의를 제작하기 위해서는 사전 수요조사나 MD와의 협의가 선행되기 때문에 1차적으로 걸러지는 단계가 있다. 이를 통해 강의 수준이 관리되고 사람들의 선호도가 반영된다. 이용자는 이러한 플랫폼에 대한 신뢰를 온라인강사에게 투영하는 면이 있다. 이는 해당 플랫폼의 강의 등록만으로도 나의 신뢰도나 전문성을 올릴 수 있음을 뜻한다.

둘째, 영상 콘텐츠는 확장성이 있다. 영상을 제작하면 결국 글(대본), 이미지(영상 일부) 모두를 포함한다. 내가 제작한 영상으로 2차, 3차 가공물을 만들기도 수월하다. 또한 고객층이 젊은 세대라면 영상을 선호하는 그들의 성향에 부합한다. MZ세대는 학창 시절부터 온라인강의를 들어서 비대면으로 강사를 만나고 학습하는 것에 비교적 익숙하다. 10~30대의 MZ세대는 앞으로 경제를 주도할 사람들이기 때문에, 앞으로의 사업 방향성을 고려한다면 영상을 활용한 정보전달에 익숙해져야 할 것이다. 온라인강의는 이를 제대로 경험할 기회가 된다.

셋째, 강의 제작을 통해 내 콘텐츠를 체계화할 수 있다. 단편 강의로 콘텐츠를 쌓아갈 수 있지만, 클래스101과 같이 10~20분 이내의 강의를 수십 개 만들어 총 5시간 이상의 콘텐츠를 제작할 수도 있다. 다량의 강의를 한 번에 제작할 때 좋은 점은 전체 강의를 일관성 있게 스토리텔링할 수 있다는 점이다. 이는 필요에 따라 꺼내쓸 수 있는 좋은 강의교재가 된다. 커리큘럼에 있는 내용은 내가 다룰 수 있는 주제를 의미하기에, 향후 외부 강의 요청이 들어오면 소통이 편하고 빨라진다. 또한 책을 집필하기도 수월하다. 실제로 나는 온라인강의를 통해서 출판 제의를 받았다. 강의 제작은 나만의 바이블을 만드는 것과 같다.

온라인강의의 장점을 3가지로 요약했지만, 나는 그 이상의 혜택을 보았다. 실제로 온라인강의를 통해서 자신의 존재를 알리고 돈을 번 사람들이 내 주변에도 있다. 하지만 이러한 장점이 있음에도 부담을 느껴 진행하지 못하는 사람이 많다. 그런 경우에는 짧은 단편 강의로 시작하거나, 가벼운 영상 콘텐츠로 시작해서 확장해도 된다. 나의 첫 강의는 온라인 줌(Zoom)으로 진행한 원데이 클래스였다. 비록 녹화하고 편집하는 온라인강의와는 차이가 있지만, 비대면으로 사람들과 소통하고 그들이 어떤 것을 원하는지 사전조사를 하는 데 큰 도움이 되었다.

강의 제작의 장벽이 하나 있다면 영상편집일 수도 있다. 초보였던 내가 도전할 수 있었던 것은 온라인강의 플랫폼에서 영상편집 서비스를 제공했기 때문이다. 다만 강의 제작을 할 때 모든 것을 직접 하느냐 편집을 맡기느냐에 따라서 수익지분율이 크게 달라진다. 그래서 경험이 있는 사람들은 촬영과 편집을 직접 해서 수익률을 높인다. 내 경우에는 많은 것이 처음이라서 콘텐츠 제작에 집중하려고 편집을 맡겼다. 콘텐츠 경쟁력이 약하면 매출이 적을 테고, 그런 상황에서 높은 수익률은 의미가 없다고 판단했다.

초보자라면 모든 것을 혼자서 하기보다는 주변의 도움을 받거나 전문업체에 일부분을 맡기고 콘텐츠의 질에 집중하는 것도 좋은 선택이다. 실제로 내 지인의 경우 본인은 강의에만 집중하고 전반적인 콘텐츠 기획이나 편집은 전문가에게 맡겼다. 앞서 말했듯이 나의 부족한 부분을 채워줄 수 있는 서비스는 많다. 이렇게 온라인강의에 대한 진입장벽도 많이 낮아지고 있으니 마음을 열고 도전해보기를 바란다. 온라인강의는 여전히 성장 중인 시장이기 때문에, 어떤 분야든지 먼저 시도하는 사람에게 기회가 간다.

오드랩의 빌드업(build-up) 과정

온라인강의를 하기 전에

나는 위에 언급한 SNS와 재능마켓을 활용했다. 어느 날 갑자기 좋은 아이디어가 떠올라서 당장 온라인강의를 만들게 된 것이 아니다. 온라인강의는 앞선 과정을 통해 빌드업(build-up)이 되어야 진행이 수월하다.

네이버 블로그 운영을 하다

내가 초반에 가장 공들여 진행했던 것은 네이버 블로그다. 이를 통해 칼럼이나 정보를 제공하면서 사람들에게 무료로 도움을 제공했다. 블로그는 검색 결과로 많이 노출되기 때문에, 사람들이 어떻게 검색을 할지에 대해서 미리 고민하고 포인트를 잡는 것이 중요하다. 이를 위해서는 블로그의 로직을 공부해보는 것도 큰 도움이 된다. 하지만 블로그의 복잡한 용어도 모르겠고, 계정을 만드는 단계에서부터 복잡하게 느껴진다면 다음을 참고하자.

일단 블로그의 계정의 컨셉은 여러 가지인데, 편의상 개인 계정, 기업 계정, 퍼스널브랜드 계정 등으로 구분하겠다.

계정 유형	계정 성격
개인	사적인 기록 혹은 수익을 염두에 둔 인플루언서 유형 - 취미, 공부, 추억 등의 사적인 이야기를 공유
기업	온라인 검색에서 노출되어 신뢰를 쌓기 위한 브랜딩 용도 - 소통보다는 보통 명분용, 정보전달용으로 활용됨
소규모브랜드 퍼스널브랜드	브랜드의 색깔을 드러내며 핵심 가치를 전달하는 홍보 용도 - 소통, 영업 등으로 적극적인 활용

노하우창업의 경우 3번째의 퍼스널브랜드에 속한다. 즉, 블로그 활용도가 높을 것이기 때문에 컨셉을 명확하게 하고 진행하는 것이 중요하다.

블로그, 머리가 복잡하다면

모든 것을 차치하고 양질의 글을 작성하는 것이 중요하다. 노하우창업의 경우 전문성을 어필하는 것이 중요하다. 따라서 많은 사람들에게 노출되는 것도 좋지만 정말 필요한 사람에게 제대로 어필하는 것 또한 중요하다. 내 경우도 대중적인 주제는 아니었지만 방문객의 수요에 맞는 정보를 제공했기에 비교적 잘 활용되었다고 생각한다. 나는 최종적으로 블로그를 통해서 가벼운 금액부터 수백만 원의 서비스까지 판매했다. 블로그를 통해서 예상 고객을 설득하고 신뢰를 주는 일에는 고도의 기획력이 필요하다. 물론 이는 시행착오를 통해서 발전한다. 나도 처음에 작성한 글을 보면 부끄러운 수준이다. 지금도 글을 멋있게 쓰지는 못한다. 하지만 모든 것이 그렇듯, 꾸준히 하면 완성도는 올라가고 성과는 나온다. 나는 블로그를 처음 오픈하고 본격적으로 글을 쓴지 1개월 정도가 되었을 때 조금씩 댓글이나 조회수가 올라가는 것을 경험했다. 이것은 사람이나 아이템마다 시기가 다르기 때문에 참고만하면 된다. 블로그뿐만 아니라 SNS를 통해서 고가의 상품이나 서비스를 판매할 수 있다면 먹고사는 것은 걱정하지 않아도 된다.

원데이 클래스를 열다

블로그를 하면서 글을 쓰고 독자를 만나면서 필요한 서비스를 구상하게 되었다. 내가 전달할 수 있는 노하우를 상품화하고 플랫폼에 서비스를 업로드했다. 내가 선택한 플랫폼은 '탈잉'인데 가벼운 원데이 클래스가 인기 있는 편이라서 초보인 내가 시작하기에도 좋았다. 그렇게 원데이 클래스로 강의를 오픈했고 수강생이 한 명씩 늘기 시작했다. 내가 원데이 클래스를 진행했던 이유는 수익보다는 고객에게서 정보를 수집하기 위해서였다. 그리고 실제로 이것은 내가 향후 진행하는 서비스와 기획, 카피라이팅 등에 적극적으로 활용되어 큰 가치를 주었다. 나는 지금도 강의를 주요 수입원으로 삼지는 않는다. 수공예품을 만드는 것이 내게 맞지 않았던 것처럼, 나는 반복적인 작업을 좋아하지 않기 때문이다. 대신 강의는 사람들과 소통하고 이를 통해 시장의 변화를 파악하는 데 유용하기 때문에 놓지 않는 중요한 업무 중 하나이다.

온/오프라인 중에 어떤 강의가 좋을까?

내가 서비스를 시작했던 시점에는 코로나 유행과 겹쳐서 대면강의는 많이 하지 못했다. 대부분은 줌(Zoom)을 통해서 온라인강의를 했다. 향후 대면강의 경험이 쌓이면서 온/오프라인 강의에도 나름의 장단점을 느낄 수 있었다. 줌(Zoom)은 이동시간을 아끼고 장소에 구애받지 않아 편의상 좋다. 또한 컴퓨터를 즉각적으로 활용할 수 있어서 운영이 유연한 것이 장점이다. 대신 대면강의는 사람끼리 소통하는 에너지가 있다. 사람들과 가까이서 보면서 표정이나 반응을 확인할 수 있다. 쉬는 시간에는 개인적인 질문을 받기도 하고, 내가 먼저 다가가서 말을 걸기도 하면서 강의 방향성이나 분위기를 이끌어갈 수 있다. 이는 곧 만족도와 이어진다.

3

나도 가능할까?
누구에게나 노하우는 있다

×◇×

아마추어는 앉아서 영감을 기다리지만 프로는 일어나서 일하러 간다.

- 스티븐 킹

변화의 시작, 현실을 똑바로 마주하다

착각의 시간

성과를 언급하다 보니 좋은 일만 있었던 것 같지만, 그렇지 않다. 처음에는 사업을 거창하게만 생각하고 현실적으로 바라보지 못했다.

학생 티를 벗지 못한 20대 시절, 나는 비즈니스 모임에서 알게 된 리더와 식사를 했다. 그 친구는 평소에 나를 긍정적으로 평가해주었고 나는 신이 나서 대화를 했다. 그렇게 즐거운 대화가 이어지던 중, 갑자기 그 친구가 얼굴색을 바꾸고 인정사정없는 말들을 쏟아냈다.

"나는 그런 사람이 싫어. 자기 사업으로 제대로 돈도 벌어보지 않았으면서, 사회적기업이니 정부지원사업이니 하는 것 말이야. 실제로 그런 사람들은 지원을 받지 않고는 자기 힘으로 돈을 벌지 못해. 명함 파고 사업지원금만 사냥하면서 온갖 근사한 수식어는 다 갖다 붙이지."

순간 나는 표정이 굳었다. 정말 기분이 더럽고 수치스러웠다. 실제로 당시에 나는 정부의 사업지원을 받으면서 말 그대로 문서로 사업을 그리며 꿈만 꾸고 있었기 때문이다. 그러면서도 한편으로는 그 이야기의 사실 여부를 따졌다. 아주 짧은 시간에 모든 것이 소용돌이치듯이 혼란스러웠지만, 한 가지는 명확했다.

'지금 돈을 벌지 못하고 있다.'

그날은 인생에서 잊지 못할 날이다. 20대를 통틀어서 가장 화가 났지만, 사실 자체는 반박할 수 없었다. 나는 공부를 핑계로 시간을 보내고 있었다. 엄청난 분노로 집에 돌아와서 한 것은 당장 돈을 벌기 위한 고민이었다. 두고 봐라, 그 돈 당장 벌어볼 테니까. '아, 내가 사람 잘못 봤네'라는 말을 듣고 싶었다. 이런저런 겉멋 든 생각을 다 걷어냈다. 오로지 '어떻게 하면 판매를 할 수 있을까'라는 생각에 집중했고, 그러자 성과는 빠르게 나타나기 시작했다.

많은 사람들이 정보를 얻고 지식을 습득하는 데 집중한다. 물론 지식도 중요하지만 그보다 중요한 것은 실전이다. 어떤 공부든지 개념

이해를 끝내면 응용문제를 풀 수 있어야 한다. 당시의 나는 수많은 개념을 수집하느라 정작 성과로 이어지는 문제 풀이에는 집중하지 못하는 바보 같은 행동을 했다. 그렇게 시간을 때우고 있었다.

카피 때문에

"플리마켓만 나갔다 오면 카피가 생겨."
"이거 내 강의랑 주제가 완전히 똑같은데?"

상품이든 콘텐츠든 '카피'를 문제로 의욕을 잃어버린 경우를 자주 보았다. 자신의 강의 주제를 카피했다면서 소송이 생기는 일도 가까이서 보았다.

사실 옆에서 보면 소송을 거는 사람이나 당하는 사람 모두의 입장이 이해된다. 창작자(선발주자)는 자신의 창작물이 너무나 소중하고 특별해서 누가 훔쳐갈까 봐 불안해한다. "내 강의를 따라 했나?" 그들은 비슷한 것을 보면 경계한다. 그리고 후발주자는 그저 시기적으로 좋은 아이디어를 낸 것인데 조금 늦었거나, 선발주자를 조금은 참고했을 수도 있다. 사실 새로운 탄생에는 늘 영감을 주는 존재가 있고, 그것은 트렌드의 영향을 받을 가능성이 크기 때문에 동시에 비슷한 것도 충분히 나올 수 있다고 생각한다.

나 역시도 수공예품을 팔 때 내 아이템의 구성과 기획, 키워드까지 모두 따라 하는 판매자를 본 적이 있다. 그리고 수공예창업 강의도 유사한 주제가 많이 생기는 것을 보았다. 처음에는 분노와 의심이 치밀었지만, 나중에는 '시장경제가 그런 것이다'라고 인정하게 되었다.

분노가 문제를 해결해주지 않는다. 그리고 옆에서 지켜보면 많은 경우 자신의 착각인 경우도 많다. 내가 먼저 했고 내가 잘했는데 남이 빼앗아갔다고 느끼는 것이다.

각자의 입장이 있겠지만, 중요한 것은 '그래서 어떻게 되었냐' 하는 것이다. 남이 내 아이템을 카피해서 후발주자에게 자리를 빼앗겼다면 선발자는 애초에 경쟁력이 약했던 것은 아닐까? 누구나 따라 할 수 있을 정도로 진입장벽이 낮았기 때문이다. 그 진입장벽은 스스로 높여야 한다. 또한 상품에도 주기가 있다. 영원히 잘되는 아이템은 거의 없다. 대부분 초기에 치고 올라가서 정점을 누린 다음 하락세를 경험한다. 결국 아이템은 세상에 드러나면 소진된다. 우선 후발주자가 있다면 아이템은 매력이 있다는 것이다. 후발주자들은 언제든지 따라와서 파이를 빼앗아갈 것이다.

이를 고려한다면, 아이디어가 있으면 남들보다 빨리 시도해서 그 시장을 선점하고 진입장벽을 쌓으면서 돈을 벌면 된다는 결론이 나온다. 아이템의 주기 후반에는 결국 이른바 '나눠먹기'를 해야 하기 때문이다. 어느 분야든지 잘되거나 유행하면 후발자가 생기면서 동시에 시장이 커지기도 하는데, 카피가 두려워서 불만만 가득하고 일을 제대로 하지 않는 것을 보면 안타깝다. 경쟁력을 높이지 못한 것은 자기 자신인데 남을 탓하면서 자기위안 삼는 것이다.

'사업은 누가 시작했느냐가 아니라 누가 히트 치느냐가 중요하다'라는 얘기를 들었다. 즉, 사업에도 주인이 있다는 것이다. 나는 이 말에 매우 공감하며, 스스로 핑계를 대지 않기로 했다. 나 역시 더 밀어붙이지 못해서 후발주자의 성공을 지켜본 적이 한두 번이 아니다. 또한 후발주자는 내 존재를 모를 수도 있다. 그저 내가 더 부지런하게 행동하지 않아서 남의 성공을 바라보는 것이 배가 아팠을 뿐이다.

나는 애초에 부족한 점이 정말 많은 사람이었는데, 나의 부족한 점을 핑계 대고 합리화하는 것은 전혀 도움이 되지 않았다. 사업을 하는 사람들은 기본적으로 자기주장이 강하고 주체적인 사람들이 많아서 기싸움을 하거나 견제하는 경우도 많았다. 이를 보면 나의 판단을 흐리는 심리적인 기제가 정말 많은 것을 느낀다. 대부분은 핑계와 질투가 지배한다. 이것은 나를 갉아먹기 때문에, 항상 현실을 제대로 바라보기 위해서 노력한다. 그러면 남보다는 나 자신에게서 문제를 찾고 발전할 수 있고, 소중한 에너지를 사랑하는 사람들과 나눌 여유가 생긴다.

이 주제를 언급하는 이유는, 위와 같은 이유로 불평하는 사람을 많이 보았기 때문이다. 그들의 대부분은 일이 잘 풀리지 않는 사람들이었다. 이 글을 보는 사람이라면 카피를 핑계로 도전을 포기하지 않았으면 한다.

모든 것을 팔 수 있다 - 세상의 다양한 지혜

지금은 모두가 소비자이자 판매자인 시대이다

당장 휴대폰에 깔려 있는 당근마켓만 봐도 알 수 있다. 빠르게 성장 중인 이 앱(app)의 판매 목록에는 물건만 있는 것이 아니다. 같은 아파트 단지에서 무거운 장롱을 옮겨줄 도우미를 구하거나, 재능을 살려 과외를 하기도 한다. 이러한 거래를 위한 플랫폼 서비스는 갈수록 많아지고 있다. 즉, 누구나 판매하고 무엇이든 팔 수 있는 시장이 되고 있다.

사람들은 어떤 일에 대한 '저마다의 요령'을 가지고 있다. 예를 들어 음식을 맛있게 하거나, 그림을 잘 그리거나, 물건을 쉽고 빠르게 고칠 수 있다. 우리는 이런 것들을 사소하게 여기고 잔재주로 치부하지만 내 눈에는 모든 것이 기회로 보인다. 모든 재능과 노하우는 돈벌이가 되고 직업이 될 수 있다.

처음부터 전문가는 없다

처음에는 완벽하지 않아도 된다. 자본금이 많지 않아도, 전문가가 아니어도 된다. 나에게 특정한 노하우가 있고 이를 잘 활용한다면 얼마든지 돈벌이를 만들 수 있다.

어떻게 확신하냐고? 내가 직접 경험했기 때문이다. 손재주로 악세사리를 만들어 판매했고, 이 경험을 활용해서 강의를 만들어 다시 판매했다. 그리고 콘텐츠를 기획하고 판매했던 경험을 살려서 폐업 직전의 공부방 운영에 참여했고, 1년도 되지 않아 학원으로 확장시켰다. 연이어 진행해온 3가지 분야의 사업은 전혀 다른 분야지만, 모두 일 년 안에 월 천만 원 이상의 매출을 달성했다.

이 사업들의 공통점은 자본금이나 인프라에 있지 않다. '나'라는 사람이 중심이 되어 손재주와 노하우, 전략을 통해서 사업이 진행된다. 또 다른 공통점은 나는 어느 분야에서도 전문가가 아니었다는 점이다. 디자인 전공이 아니지만 악세사리를 만들었고, 창업 박사도 아니지만 창업강의를 했고, 교육학은 모르지만 공부방 경영을 한다. 흥미로운 것은 분야가 바뀌더라도 점차 사업의 성공률이 올라가고 목표를 달성하는 기간도 짧아졌다.

누구나 팔 수 있다 - 작지만 가치 있는 나의 이야기

개개인의 이야기는 모두 소중하다

그 이야기에는 가치와 진정성이 있기 때문이다. 모두가 똑같은 삶을 사는 것은 아니지만, 사람이 하는 경험은 대부분 비슷한 부분이 있다. 즉, 공감대를 형성할 수 있다는 것이다. 그래서 평범함에는 힘이 있다. 너무 뛰어나면 사람들은 자신과 거리를 두게 된다. 하지만 나와 비슷한 상황의 사람이 하는 말은 더 친근하게 다가온다. 그들이 해냈다면 나도 할 수 있고, 도전할 수 있는 용기가 된다. 근사한 것만 의미 있는 것이 아니다. 지금은 작은 것이 가치 있는 세상이다. 우리 대부분은 어디까지나 작은 개인이며, 대중에 속한다. 그래서 뛰어난 소수보다 평범한 대다수에 대한 공감대가 크다. '작은 것들의 신'이라는 말을 들어본 적이 있는가? 우리는 이러한 존재가 되어야 한다.

작지만 강한 브랜드

오늘 나의 모드, 오드랩

내 비즈니스 연구소의 이름이다. 오드랩은 '오늘 나의 모드(mode)'와 '연구실(lab)'을 결합한 말로, 매일 내가 원하는 모드(mode)로 살겠다는 뜻이다. 이는 소위 '부캐'라는 말로도 표현할 수 있다. 나는 내가 원하는 무엇이든지 될 수 있다고 생각한다. 이는 N잡러의 모습으로 드러난다.

우리는 스스로의 모습을 하나로 정의하고 하나의 진로에 매진하는 삶을 배워왔다. 하지만 사람은 다양한 상황에 따라서 역할과 성격이 달라진다. 내가 딸일 때와 엄마일 때는 전혀 다른 모습일 것이다. 의지하는 입장과 책임을 지는 입장은 태도부터 달라진다. 그러니 나를 하나로만 정의하면, '모순이 가득한 사람'이 되는 것 같다.

사람에게는 다양한 욕구와 가능성이 있다고 생각한다. 자신에게 맞는 행복을 찾고, 자신의 모양대로 사는 것이야말로 정말 감사한 삶 아닐까. 오드랩은 내 신념과 삶의 태도가 담긴, 본인 자체를 드러내는 브랜드이다.

당신의 이야기는 무엇인가?

거창하지 않아도 되고, 아주 작고 사소한 이야기여도 된다. 사람들은 크기에 상관없이 항상 고민과 문제를 안고 산다. 이를 해결해줄 수 있다면 당신의 가치는 이미 존재한다. 노하우창업은 시작하는 데 큰 돈이 들지 않고, 오로지 나 자신의 역량을 키우고 성장하는 것에 집중하면 된다. 유대인의 이야기처럼 '사람'이 중심이 된다면 실패해도 위험이 낮고, 언제 어디서든지 다시 시작할 수 있다. 사람들이 몰라서, 두려워서, 귀찮아서 아무것도 하지 않을 때가 기회이다. 여전히 대한민국의 '노하우마켓(market)'은 많은 부분이 열려 있다. 이 글을 읽었다면, 지금 당장 하나씩 실행에 옮겨 기회를 선점하기를 바란다. 노하우창업에 자격조건은 없다. 단지 선택의 문제일 뿐이다.

의료 경단녀,
창업에 도전하다

1. 다시, 생활전선으로 뛰어들어야 했다

2. 의료 경단여성, 도전을 시작하다

3. 인생 업그레이드 이야기

권태신
의료서비스디자이너

권태신 / 의료서비스디자이너

◇ **학력**

호서대학교 글로벌창업대학원 창업경영학과 재학

한국 열린사이버대학교 창업경영컨설팅학과 학사

치위생학 학사

◇ **경력 및 이력**

現 본정리컨설팅연구소 대표

정리수납전문가

병원 CS 강사

치과위생사

간호조무사

요양보호사

◇ **이메일 / SNS**

이메일: taeshin25@naver.com

블로그: 본정리컨설팅연구소

집필동기

이 글은 치과위생사였던 40대 의료 경단여성의 창업 이야기다. 누구나 한번쯤 창업을 고민하지만, 막연히 어렵고 힘든 길이라 생각한다. 단언컨대 창업은 좋은 학벌과 스펙을 갖춘 사람만이 하는 것이 아니다. 노력 여하에 따라 얼마든지 성공 창업을 이룰 수 있다고 믿는다.

스포츠 경기에서는 작전 타임이 때로 승패를 가른다. 인생에서도 작전 타임이 중요한 이유다. 경단녀의 삶이 너무 깜깜해서 동굴에 갇혔다고 생각하기도 했다. 하지만 지금은 안다. 그 시간은 인생 경기 전반전이 끝나고, 잠시 숨고르기를 하는 '인생 작전 타임'이었음을.

이제 인생 후반전은 창업 작전으로 뛸 계획이다. 경력단절여성이라는 마침표가 아닌, 경력보유여성으로 제2의 인생을 꿈꾸는 드림워커가 될 수 있다는 이야기를 전하고 싶다.

1

다시,
생활전선으로 뛰어들어야 했다

꿈을 계속 간직하고 있으면 반드시 실현할 때가 온다.

- 괴테

갑자기 찾아온 시련

여느 날과 다름없이 저녁 식사를 한 후, TV를 보며 한 보따리의 빨래를 개고 있었다.

"영혼을 팔아서라도 직장을 그만두고 싶어."

느닷없는 남편의 말에 순간 머리가 멍해졌다. 이내 가슴이 먹먹하고 눈물이 왈칵 쏟아질 것만 같았다. 하지만 속으로 눈물을 꾹꾹 참으며 의연한 듯 말했다.

"그 정도로 힘들면 그만둬! 정 안 되면 내가 다시 치과라도 다닐게!"

사실 그전에도 남편이 종종 힘들다는 표현을 한 적이 있지만 속으로 '또 시작이군' 생각하곤 했다. 우리의 현실을 이야기하며, "다들 그러면서 살아"라고 설득하고 위로해왔다. 그런데 이번에는 뭔가 결심이 선 듯했다.

결혼 당시, 폐암 말기 시한부 투병을 하시던 시어머님을 모시느라 시댁에서 신혼을 시작했다. 병환이 위중해지자 남편은 직장을 그만두고 어머님이 돌아가실 때까지 1년 이상 병간호와 살림, 육아를 도맡아 했다. 어머님 장례 후 남편의 구직활동은 예상보다 쉽지 않았다. 구직이 어려워지자 전공 분야가 아닌 다른 일들을 시도했고, 아니나 다를까 얼마 못 가 퇴사를 반복했다.

그때의 기억 때문일까? 30대에도 어려웠던 이직을 40대에 하겠다고 하는 남편을 마냥 응원할 수는 없었다. 그렇다고 어렵게 이직을 결심한 남편에게 불안하고 불편한 마음을 드러내고 싶지는 않았다. 다섯 식구의 외벌이 가계는 중소기업 월급으로는 빠듯할 수밖에 없었다. 신용카드 3개를 쓰며 돌려막기를 하다가 독촉 전화를 받기도 했다. 퇴사 후 가장 현실적인 문제는 두말할 나위 없이 경제적 부분이었다. 당분간은 퇴직금으로 버틸 수 있겠지만, 그 퇴직금도 중간 정산을 받은 터라 넉넉하지 않았다.

늘 입버릇처럼 남편에게 "나 일하고 싶어"라는 말을 달고 살았다. 아버님의 병수발과 육아, 자궁경부암 진단 등 총체적 난국으로 치과 일과 강사 일을 접고 비자발적으로 전업주부가 되었다. 비록 힘들지만 살림과 육아, 아버님 수발이 익숙해지고 있었다. 그런데 갑자기 당장 치과에 나가야 할지도 모른다고 생각하니 두려움이 앞섰다. 하지만 내가 일을 해야 할 때가 왔음을 직감했다.

나도 당당한 사회인이었다

녹록지 않았던 20대 초반

간호사를 꿈꾸며 재수까지 했지만 간호학과 입학에 실패했다. 아버지는 차선책으로 간호학원을 권유했고, 일단 간호조무사가 되기로 마음먹었다. 1년간 간호학원에 다니며 첫 병원 아르바이트를 치과에서 시작했다.

간호학원 1년 학업 과정 중 치과 비중은 크지 않았다. 간호조무사가 되었지만 치과 간호조무사로서의 업무는 맨땅에 헤딩하는 수준이었다. 치과 의료 현장에서 모든 것을 새롭게 배워야 했다. 치의학 용어, 치과 의료 술식, 치과 진료실 보조 업무 등 모든 것이 생소하고 낯선 환경이었다. 내가 꿈꿔왔던 병원 간호사의 모습은 분명 아니었다.

치과에서의 하루하루는 무지에서 오는 두려움과 긴장의 연속이었고 어린 사회초년생에게는 감당하기 힘든 시간이었다. 하지만 대학생도 아니고 내세울 만한 번듯한 사회인도 아닌 어중간한 위치의 사람으로, 현실을 받아들이고 적응하는 방법만이 살길이라 여겼다.

치과에 대한 지식과 기술이 부족했기에 종로 교보문고로 가서 치위생학 책들을 찾아보기 시작했다. 실제 치위생학과 실습 교재를 구입해서 주말이면 도서관을 다니며 치과 공부를 시작했다. 낯설기만 했던 책의 내용을 치과에서 실습하듯 공부하니 어느덧 치과 생활도 재미있게 느껴졌다. 그리고 그토록 바라던 간호사가 아닌, 치과위생사가 되고 싶다는 새로운 꿈이 싹트기 시작했다.

아직도 잊혀지지 않는 경험이 있다. 영어로 적힌 차트 용어를 실장님에게 물었는데, "너는 그런 거 몰라도 돼!"라는 답변이 돌아왔다. 틀린 말은 아니었다. 치과 진료실 단순 보조 일을 하는 사람이 알아야 하는 내용은 아니었다. 하지만 치과 일을 더 잘하고 싶었고, 발전하고 성장하고 싶었던 나는 크게 상처받았다. 그리고 결심했다. 기필코 치과위생사가 되고 말겠다고.

치위생학과에서 두각을 나타내다

얼마간의 준비 끝에, 간호조무사 자격증과 병원 경력이 있으면 지원 가능한 치위생학과에 입학했다. 비록 5차 추가 합격자였지만, 그건 중요하지 않다. 간절하게 바라던 꿈을 이룰 기회를 얻었다는 사실이 감사할 뿐이었다.

치과 간호조무사로 임상 경험이 선행되었기에, 치위생학 수업은 스편지가 물을 빨아들이듯 지식의 목마름을 해갈하는 놀라움의 시간이었다. 그것은 성적으로 증명되었다. 첫 학기 치위생학과 전체 차석이라는 믿지 못할 사건이 발생했고, 성적 우수 장학금을 받았다. 학창 시절 얌전하고 조용한데다 성적도 중위권이라 존재감이 별로 없었던 내가, 뒤늦은 대학 입학으로 스스로 계획하고 목표한 일을 이룬 것이다.

'나도 하면 되는구나'라는 자신감이 생겼고, 그동안 낙오자라고 느꼈던 나의 자존감은 학업을 통해 서서히 회복되기 시작했다. 그렇게 재학 시절 내내 성적 우수 장학생이 되었고, 치위생학과 전체 수석으로 졸업했다.

대학 낙방 후 인생이 실패로 끝났다고 여겨 술로 방황의 시간을 보내기도 했다. 20대 초반 실패의 아픔과 현실의 냉혹함 속에서 서러움과 결핍은 오히려 오기와 인내의 에너지가 되었다. 실패와 좌절이 때론 성장의 원동력이 되고, 오히려 인생을 발전적인 방향으로 이끌 수 있다는 것을 깨달았다.

치과위생사 그다음 목표

치과위생사가 되자 치과 간호조무사 경험이 빛을 발했다. 이미 치과 임상 경험치가 쌓였기에 센스 있게 일을 잘한다는 평가를 많이 받았다. 이런 내면의 충만함은 표정과 말과 행동에서도 여지없이 드러났다. 진료 후 너무 꼼꼼하게 스켈링을 잘 받았다고 감사 인사를 하는 환자, 원장님에게 직원 칭찬을 하는 환자, 후배들에게 받는 인정 등은 또다시 성장의 욕구를 불태우게 했다. '간호조무사에서 치과위생사가 되었는데, 그다음은 뭘까' 고민했다.

치과 경력이 쌓이고 진료실이 아닌 데스크 관리자가 되니 필요한 것이 바로 '교육 능력'이었다. 당장 파워포인트로 자료를 만들어 사내 교육을 해야 했다. 프리젠테이션은 어떻게 하는지도 모르는데, 교육을 하라니? 그때 생각했다. '그래, 병원 CS 강사가 되면 좋겠다.' 또다시 내면의 꿈틀거리는 비전이 가슴을 울렸다.

대입 실패의 경험을 딛고 결국 치과위생사가 되었다. 오늘의 도전이 내일을 바꿀 수 있다는 인생 경험이 있었기에, 두렵고 떨리지만 병원 CS 강사라는 꿈에 도전하기로 마음먹었다. 출산으로 인해 첫 강의를 나가기까지 수많은 우여곡절이 있었지만 성장통이라 여겼다. 지금이 아니면 다시 기회가 없을지도 모른다는 절박한 마음으로 최선을 다했던 기억이 난다. 끝내 병원 CS 강사가 되었고, 이것은 또 한 번의 도전 성공이었다.

2

의료 경단여성,
도전을 시작하다

실패한 일을 후회하는 것보다 해보지도 못하고 후회하는 것이 훨씬
더 바보스럽다.

- 탈무드

다시 의료 현장으로 재취업

재취업은 결코 쉽지 않았다

치과위생사가 되려면 3~4년제 치위생학을 전공하고, 치과위생사 국
가고시(실기, 필기 시험)에 합격해야 한다. 치과위생사 면허가 없으면 치
아 및 구강질환 예방과 위생관리 업무 등을 할 수 없다. 치과위생사는

의료면허가 필요한 치과 전문직이지만 몇 년간의 공백이 있었기에 치과 의료 현장으로의 복귀는 생각처럼 쉽지 않았다. 게다가 퇴사 전 주업무는 진료실보다 데스크였기에 걱정이 앞섰다.

몇 년 만의 재취업을 결정하고 온갖 걱정과 두려움으로 이력서를 몇 군데 넣었는데 아니나 다를까, 연락이 오지 않았다. 치과에 보낸 이력서 메일이 수신 확인되었는데도 연락이 오지 않는다. '그럼 그렇지. 웬만한 치과 실장보다 나이가 많고, 심지어 원장보다도 나이가 많으니, 나 같아도 경단녀 아줌마를 채용하지 않겠지…'라고 자존감이 바닥까지 떨어지고 있을 무렵, 면접을 보러 오라는 전화 한 통이 왔다.

열심히 배우는 자세로 최선을 다하겠다고 강한 취업 의지를 내보였다. 간절한 눈동자로 절실함을 어필했다. 간절함이 통했기 때문일까, 합격 통보를 받았다.

공백과 세대 차이라는 어려움

어렵게 면접 통과라는 허들을 넘으니 다음 허들이 나왔다. 재취업을 하고 나니 나이 차이가 많이 나는 친구들과 일해야 했다. 그들이 나를 어려워하는 것을 느꼈고, 세대 차이로 인한 거리감도 있었다. 하지만 먼저 다가가는 노력으로 거리를 좁혀나갔다.

치과는 다른 진료과에 비해 치과위생사가 직접 환자를 봐야 하는 업무가 많다. 치아 보철물 제작을 위해 치아 본을 떠야 하고, 임시 치아를 깎아서 만들어야 하고, 스켈링과 임플란트 수술 협조 등 치과 의료 지식과 기술이 유난히 많이 필요한 진료과이다. 오랜 기간 쉬었기에, 굳은 손으로 바로 환자를 볼 수 있을지도 걱정이 되었다. 의료 환경도 변해 수기 차트에서 전자 차트를 썼고, 사용하는 프로그램이나 기계, 기구들도 새로운 것들이 많았다. 하지만 집중해 일하고, 열심히 학습하다 보니 금방 감각을 되찾았다.

익숙해진 환경에서 벗어나는 작업

재취업의 마지막 허들, 가장 큰 복병은 가족들로 인한 돌발 상황들이었다. 코로나 시국에 수시로 학교와 학원 등의 일정이 변하는 상황속에서 아이들을 돌보는 것은 늘 엄마의 몫이었다. 그래서 긴급한 연락을 받기 위해 전화와 문자 확인이 가능한 시계를 구입했다. 진료실에서 환자를 보는 중간에 손목시계를 확인하거나 전화를 받는 것은 불가능했기에, 환자가 없는 시간에 눈치껏 아이들의 문제들을 처리했다. 하지만 일할 때만큼은 엄마도 아내도 아닌 프로다운 치과위생사로서 업무에 전념했다.

야간 진료가 있는 날이면 저녁을 해결해야 하는 가족 걱정이 컸다. 남편에게 집안일과 간단한 저녁 식사 준비 등을 조금씩 부탁해서 해결했다. 재취업 초반에는 가족들이 시시콜콜한 것까지 물어보는 상황들이 많았다. 일을 하는 나는 마치 죄인이 된 것 같고, 가족들에게 짐을 떠넘긴 것 같은 착각마저 들었다. 다행히 시행착오를 겪으며 가족 구성원이 스스로 문제를 해결하고 적극적으로 대처한 덕분에 오히려 지금은 건강한 가족 공동체로 성장하고 있다.

『여자를 위한 사장수업』이라는 책에서 가장 인상 깊게 가슴을 울렸던 한 문장이 있다. '경제적 종속은 관계의 종속을 만든다'라는 김영휴 대표님의 한마디!

전업주부의 시간이 길어지며 부부의 관계가 달라짐을 실감했다. 그런데 수입과 상관없이 다시 사회 일을 시작하면서 나의 모습과 생활이 변하니 부부의 관계와 가정에서의 역할이 새롭게 정립되는 것을 느꼈다. 종속적인 관계는 누구의 잘못도 아니다. 시나브로 상황과 일상이 그렇게 만들어졌다. 그 관계를 재정립하고 싶다면 나부터 변해야 한다는 것을 깊이 깨달았다.

본정리컨설팅연구소 창업 도전

병원 정리로 창업을 계획하다

누구나 나의 일, 나의 사업을 해서 경제적 자유를 누리고 싶은 로망이 있을 것이다. 어딘가에 고용이 된 근로자는 업무의 한계와 시간의 한계, 정년의 한계, 수입의 한계 등이 있다. 그래서 내가 나를 고용하는 창업을 고민하게 된다. 40대 의료 경력단절여성으로 재취업도 가능하지만 '과연 이 일을 언제까지 할 수 있을까?'를 고민하게 되었다.

전공과 경력과 경험, 그리고 나의 강점들을 고려해서 창업 아이템을 찾았다. 가정 정리컨설팅의 작은 성공을 살려 보다 전문적인 정리컨설팅을 하면 좋겠다는 생각이 들었다. 그렇게 병원 정리라는 아이템을 떠올렸다.

창업 아이템의 아이디어는 대부분 고충점(pain point. 불만 사항, 불편 사항)에서 기인되는 경우가 많다. 간호조무사와 치과위생사로 치과 재직 당시 직원들의 다양한 불만 사항이 있었지만, 그중 하나가 바로 정리로 인한 문제였다. 정리 안 된 기구와 약품들, 파악되지 않은 재료 재고량, 유통기한을 넘긴 재료들, 제자리에 없는 물건들, 정리의 문제로 직원 간의 갈등, 정리되지 않은 병원 내부 환경으로 인한 스트레스 등 정리로 인한 문제점은 다양했다. 이것은 단순히 청소와 정리의 문제가 아니었다. 업무 효율의 저하, 치과와 함께 성장하고 싶은 비전과 내적 동기의 저하 등이 복합적으로 작용한 것이었다. 치과 재직 당시 누군가 제발 정리 좀 해줬으면 하는 마음이었다. 그리고 그 누군가는 항상 나였다. 목마른 자가 우물을 판다고 했던가? 내가 불편하고 답답하니까 결국 그 일을 하게 되었다. 그리고 제발 각자 자기가 맡은 일을 위해 정리 정돈이 잘 되기를 바랐다

병원 재직 당시 병원 정리를 하면 동료들로부터 긍정의 피드백이 돌아왔고 때론 다른 영역의 정리 요청도 있었다. 물론 일부지만 정리하는 것을 불편해하는 직원도 있었다. 정리 안 된 환경이 나 혼자 불편하

고 힘들었던 것이 아니라는 것을 깨달았다. 다들 힘들고 불편함에도 불구하고 기존 시스템(?)대로, 불편한 대로 적응하며 생활한 것이다.

병원 정리를 못 하는 이유도 다양했다. 정리를 잘 못해서, 정리할 엄두가 나지 않아서, 정리할 시간이 없어서, 원장이나 실장 등 관리자가 무관심해서, 피곤하고 귀찮아서, 월급 이상의 과중한 업무를 하고 싶지 않아서, 잔소리가 싫어서 등 다양한 이유가 있다.

가정을 예로 들어보자. 우리가 잘 알고 있는 가사도우미라는 직업 외에도, 정리를 전문적으로 하는 가정 정리정돈전문가, 가정 정리컨설턴트라는 직업이 별도로 있다. 비슷해 보이지만 엄연히 하는 일이 구별되어 있다. 가정 정리컨설팅을 할 때, 의뢰받은 가정의 상당수는 가사도우미가 상주하거나 1회성으로 출장 가사도우미가 방문하는 경우가 많았다. 요리와 청소는 가사도우미의 도움을 받지만 정리는 별개의 영역이기에 가정환경은 정리되지 않았다. 그래서 가사도우미와 별개로 가정 정리컨설팅을 의뢰했다. 전업주부에게 최고의 선물은 온전한 자기만의 시간이라고 한다. 그래서 주부가 해야 할 가사와 육아의 일들을 대신 해주는 서비스들이 많이 늘어나고 있다.

전업주부에게 온전한 자유의 시간이 필요하듯 병원에서도 나만의 고유 업무 시간이 필요하다. 업무 시간 동안 내가 할 일들만 하기에도 버거운데, 잡다한(?) 일들까지 해야 하는 스트레스로부터 좀 자유롭고 싶었다. 여기에 착안해 병원만 전문적으로 정리하는 시스템을 만들어주는 '병원 전문 정리컨설턴트'가 필요하다는 생각이 들었다.

'어쩌면 병원 직원들의 내적 동기부여는 치과의 비전을 공유하고, 자기 업무에 전념할 수 있는 환경으로 개인의 성취감을 높이고, 정리를 통한 업무 시스템을 만들어 효율성을 높이는 것이 아닐까? 그렇게 된다면 자연스럽게 병원 매출이 증가하고, 그에 합당한 보상의 대가가 직원들에게 주어진다면 치과 퇴사율이 조금이나마 줄어들지 않을까?' 하는 생각도 해보았다. 그렇게 병원 정리컨설팅업체 창업을 결심하게 되었다.

'본정리컨설팅연구소' 정부지원을 받다

창업을 결심하고 무료 창업 교육을 검색했다. 마침 서울신용보증재단의 무료 창업교육이 계획되어 있었다. 창업에 대한 이론 교육과 함께 관련 창업 대표님과의 1:1 실무 멘토링 교육까지 있는 프로그램이었다. 창업 멘토와 함께 사업을 구체화했고, 사업자명과 로고 디자인도 함께 고민했다. 이렇게 창업 준비 과정을 하던 중 집 근처 여성발전센터에서 창업 입주기업 공고가 발표되었다.

준비된 자가 기회를 잡는다고 했던가? 더할 나위 없는 좋은 기회였다. 입주기업은 창업 예정자도 가능했다. 창업 입주기업 면접 날 사업소개를 프리젠테이션했고, 결과는 합격이었다. 그동안 창업 교육과 멘토링을 통해 준비한 것들의 결실이었다. 이렇게 병원 전문 정리컨설팅업체인 '본정리컨설팅연구소'를 창업했다.

여성발전센터 입주기업은 매달 창업활동과 실적 보고서를 제출해야 한다. 그리고 창업 활동의 어려움 등을 창업 담당자와 상의한다. 1인 기업 초기 창업자들에게 가장 큰 고민이 바로 홍보와 마케팅 전략이다. 창업비용이 넉넉하지 않기에 모든 것을 개인 비용으로 충당할 수는 없기 때문이다. 그래서 창업 지원사업들을 검색하다 서울 창업허브 방송국의 '창업 기업의 영상 제작 지원사업 공고'를 보게 되어 지원했다. 그렇게 기업 소개 인터뷰 영상 촬영이 시작되었다.

막상 카메라 앞에서 기업 소개 인터뷰를 하니 잠시나마 마치 성공한 창업가가 된 것만 같은 착각이 들었다. 다행히 PD 님의 격려와 조언 덕분에 촬영은 잘 마무리되었다. 얼마 후, '본정리컨설팅연구소'기업 홍보 영상이 탄생했다. 하지만 기업 소개 영상은 기대보다 홍보용으로 사용하기에는 활용도가 낮았다. 사업적인 홍보 활용도 면에서는 오히려 기업 소개 소책자나 리플릿이 더 필요했다. 운명이었을까? 마침 서울시 50플러스재단에서 '없던 창업 프로젝트(1인 기업 편)'로 사업화 지원 프로그램을 진행한다는 소식을 들었다.

'사업화 지원 프로그램'은 프로필 사진 촬영, 명함 제작, 기업 로고 제작 등이라고 되어 있었다. 그런데 너무도 안타깝게도 창업을 하면서 로고 디자인과 명함은 이미 다 제작한 상황이었다. 프로필 사진 또한 기업 인터뷰 영상 촬영 날 함께 찍었다. 그렇다면 내게 해당되는 것은 아무것도 없었다. 하지만 포기하고 싶지 않았다. 잘 살펴보면 분명 뭔가 지원받을 것이 있을 것 같았고, 일말의 희망의 끈을 붙들고 싶었다.

'프로필 사진 촬영, 명함 제작, 기업로고 제작 등 창업 성공률을 높이기 위한 다양한 사업화 지원 프로그램의 기회를 제공합니다'라는 말에 담당자에게 문의했지만 리플릿은 원래 지원 대상이 아니라는 답변을 받았다. 그런데 '지성이면 감천'이라 했던가! 간절함을 담은 메일과 담당자와의 통화로 결국 3단 리플릿을 제작하게 되었다. 디자인 폼과 이미지 및 내용들은 내가 구상하고 디자이너와 수차례 논의하며 본정리컨설팅연구소의 3단 리플릿을 완성했다.

수많은 창업자들이 지원사업에 지원하고, 그중 일부만이 선정이 되어 혜택을 받는 게 현실이다. 하지만 여러 가지 지원사업에 지원서를 내면서 한 가지 깨달은 것이 있다. 나의 간절함과 절실함을 표현하고, 진정성 있게 도움을 요청한다면 담당자들도 어떻게든지 도와주려고 노력한다는 사실 말이다.

유용한 창업 정보 활용하기

창업 성공률을 높이기 위해서는 자신에게 유용한 정보를 얻는 일이 중요하다. 나 역시 창업을 준비하며 정보 습득 및 학습에 몰두했다. 창업을 준비하는 여러분에게 도움이 될 사이트들을 몇 개 소개한다.

여성새로일하기센터 (saeil.mogef.go.kr)	육아, 가사 등으로 경력이 단절된 여성 등을 대상으로 직업상담, 구인구직관리, 직업 교육, 인턴십, 취창업지원, 취업 후 사후관리, 경력단절예방 등을 종합적으로 지원
K-Startup 창업지원포털 (k-startup.go.kr)	중소벤처기업부 운영 창업지원포털. 창업지원사업 정보 통합 제공 및 온라인창업교육, 창업공간 정보, 온라인 법인설립 서비스 제공
서울시 50플러스포털 (50plus.or.kr)	서울시 50+ 시니어를 위한 퇴직 및 은퇴 후 전직, 소자본 창업, 시니어 일자리 등 은퇴 후 직업과 맞춤형 상담, 교육, 노후준비 종합서비스 제공

인생 업그레이드 이야기

삶의 의미는 발견하는 것이 아니라, 만들어가는 것이다.

- 생텍쥐페리

경력단절 기간을 기회로 만들자

많은 여성들이 경력단절 기간에 육아와 가사 일에만 집중하다보니 자아 발전과 성장 노력을 게을리(?)한다. 그러나 경력단절 기간을 어떻게 보내느냐에 따라 미래의 모습과 기회의 폭이 달라진다. 아래의 내 이야기가 참고가 되길 바란다.

심신의 근육 키우기

어느 날 갑자기 한쪽 귀가 먹먹하고 답답해 소리가 잘 들리지 않았다. 며칠이 지나도 그 증상이 가라앉지 않아 이비인후과 진료를 받았다. '급성 돌발성 난청', 생전 처음 들어보는 병명이었다. 치료하지 않고 방치하면 청력을 잃을 수 있는 질병이란다.

의사 선생님께서 혹시 최근에 무슨 일이 있었냐고 물었다. 좀 의아했지만 "아버님께서 병원에 입원해서 계속 병원을 왔다 갔다 했다"라고 했다. 선생님께서 고개를 끄덕이더니 "그럴 수 있죠"라고 하셨다. 스트레스가 심하면 돌발성 난청이 올 수 있다는 것이다. 일주일 이상 귓속에 주사를 맞으면서 약을 먹었다.

스트레스가 돌발성 난청의 원인일 수 있다는 말을 들은 남편이 치료 후 자전거 한 대를 선물로 사주는 게 아닌가? 본인도 1시간 남짓 거리를 자전거로 출퇴근하며 일상의 스트레스를 날려버린다고 했다. 남편의 권유대로 가끔 한강 자전거길을 내달리면 가슴 속 답답함이 바람에 날아가는 기분이 들기도 했다. 그렇게 꾸준히 자전거를 탔다.

그러던 중 고질적인 목과 어깨, 무릎 관절 통증으로 정형외과를 찾았다. 마침 다니던 병원이 폐업하여 다른 병원을 방문했는데 의사 선생님께서 내 상태를 보더니, 단박에 "수영하세요!"라고 했다. 반신반의했지만, 밑져야 본전이란 생각으로 수영을 하기로 했다. 새벽반을 끊어 열심히 수영장에 다녔다. 새벽 기상이 힘들었지만 시간이 갈수록 목, 어깨, 무릎 통증이 완화되고 신체 컨디션이 좋아졌다. 운동의 효과를 비로소 깨닫게 된 것이다.

규칙적인 운동이 좋다는 것은 누구나 알고 있는 상식이다. 그렇지만 실천하기는 쉽지 않다. 나에게도 운동은 가까이하기에는 너무 먼 존재였다. 자의가 아닌 타의, 곧 '처방'으로 시작된 운동은 놀라운 심신의 변화를 가져왔다. 그저 통증 완화와 재활만이 목적이었는데 신체 건강보다 오히려 정신 건강에 큰 도움이 되었고, 우울한 감정과 스트레스가 사라지고 회복되는 것을 경험하게 되었다. 게다가 보너스로 새벽 기상이라는 좋은 습관이 형성된 것도 행운의 선물이었다.

상황에 맞는 자기계발

전업주부가 된 후, 늘 자기계발에 목말라 자격증 취득에 몰두했다. 경력단절이 되고 처음 취득한 자격증이 동화구연 2급, 1급 자격증이었다. 아이들에게 직접 책을 읽어주는 엄마가 되고 싶어 딴 자격증이었다. 그 후에는 경력에 도움이 되는 자격증이 무엇일지 고민했다. 당시 TV 아침 프로그램에서 '정리수납 전문가', '정리정돈 전문가'라는 신종 직업이 소개되던 시점이었다. 마침 백화점 문화센터에서 정리정돈 전문가의 정리 특강이 있어 참여했는데 흥미로웠다. 정리가 관심 분야여서 그런지 구미가 당겼다. 곧바로 정리수납 전문가 2급, 1급 과정과 정리수납 전문강사과정까지 수강했다. 그리고 잠깐이나마 문화센터에서 정리수납 2급 자격과정 강의도 했다.

그리고 경력단절의 시간 중 또 하나의 의료 관련 자격증이 늘었다. 바로 요양보호사 자격증이다. 요양보호사 자격증을 굳이 취득할 생각은 없었다. 하지만 노인장기요양 4등급 판정을 받은 아버님으로 인해 가족 요양 제도를 알게 되었다. 동거가족으로서 아버님을 요양하고 있었지만 가족 요양 급여를 받으려면 요양보호사 자격증이 필요했다. 다행히 간호조무사 자격증이 있어서 교육 시간이 일반인보다 짧았고, 요양보호사 자격시험은 어르신들도 많이 준비하는 자격증으로 시험 문제가 그리 어렵지 않았다. 만약 가족 중 요양이 필요한 가족이 있거나 간호, 간병, 요양 분야에 관심이 있다면 미리 취득해볼 만한 자격증이다.

꾸준한 취미 활동

'넘어진 김에 쉬어간다'라는 속담이 있다. 자발적이든 비자발적이든 경단여성이 되었다면 남는 시간에 취미 활동을 하는 것도 도움이 된다. 나는 자전거 타기와 수영 외에도 글쓰기라는 취미를 갖고 있다. 거창하지는 않지만 일상의 소소한 이야기를 쓰기 시작했다. 글을 쓰며 나를 좀 더 잘 이해하게 되었고, 감정과 심리 상태도 깊이 들여다볼 수 있었다. 글쓰기의 가장 큰 매력은 장소와 시간의 구애를 받지 않고 돈이 들지 않는다는 점이다. 혹시 글쓰기가 좋은 창업 아이템이나 수입원이 될지 누가 알겠는가?

당신에게 참고가 될 여성 창업 이야기

도래설기 공방 최원미 대표

https://instagram.com/cakedorae
https://blog.naver.com/dp5245

의료계 여성의 비전공 창업 사례를 소개하고자 한다. 전직 치과위생사 출신으로, 현재 성남에서 떡 케이크 앙금 플라워 공방인 '도래설기'를 운영하는 최원미 대표의 이야기이다.

최 대표는 창업 전 오랫동안 꿈꾸었던 꿈에 도전했다가 실패하고 그 꿈을 접었다고 했다. 실패로 인한 우울함과 슬픔을 극복하고자 양모펠트, 제과제빵, 마카롱, 떡 케이크, 영어 회화 등 다양한 배움 활동을 했다. 그중 자신이 가장 좋아하고 본인에게 잘 맞는 것이 바로 떡 케이크

였단다. 자칭 '떡순이'라고 부를 만큼 백설기와 가래떡, 떡볶이를 좋아했기 때문이다. 특히 떡 위에 올라가는 예쁜 앙금 플라워를 만드는 데 성취감을 느껴 '떡 케이크 앙금 플라워 공방' 창업을 결심했다.

최 대표는 치과위생사란 직업도 전문직으로 좋은 직업이지만 병원의 반복되는 일상, 치과의사의 지시로 수행되는 업무, 병원 내 스트레스, 급여의 한계 등에 회의감을 느끼면서 치과 퇴직을 결심했다고 한다. 무엇보다 가장 큰 창업의 동기는 자기 일에 대한 성취감, 자기계발, 경제적 자유, 주도적인 삶을 살고 싶은 욕구라고 했다.

떡 공방 창업은 치과를 다니면서 약 2년 동안 준비했다고 한다. 치과 퇴근 후의 시간과 주말을 이용해 떡 케이크 정규과정, 심화과정, 원데이 클래스를 다녔다고 했다. 심지어 일주일에 3번씩 떡 케이크를 만들고 선물하기도 했다. 철저한 창업 준비 과정을 거쳐 드디어 '도래설기'라는 떡 케이크 앙금 플라워 공방을 창업했다. 처음 몇 달은 수입이 거의 없어 힘들었지만 SNS 후기와 전국 각지의 인터넷 주문으로 지금은 안정적인 매출을 유지하고 있다고 한다. 치과위생사라는 전문직업을 포기하고 의료와 전혀 관계없는, 취미로 시작한 떡 케이크로 비전공 창업에 성공한 것이다.

최 대표는 떡 케이크를 만드는 과정도 반복적 단순노동이라고 말한다. 또한 떡 앙금 플라워 공방을 운영하면서 팔의 마비, 손목 인대 손상, 손가락 통증, 어깨 통증 등 병원 치료도 많이 받는다. 하지만 본인 손으로 앙금 꽃을 만드는 성취감과, 고객들의 감동적인 후기와 감사의 인사는 힘든 과정을 견딜 수 있는 힘이 되고 마치 보약과도 같다고 표현했다. 또한 내가 노력한 만큼 합당한 노동의 대가가 돌아오고, 끊임없이 발전하고 성장할 수 있는 자기만의 일이 있다는 것이 너무 행복하다고 한다.

너스키니 김은비 대표

https://nurskiny.com
https://smartstore.naver.com/nurskiny

의료계 출신 여성 창업가를 한 분 더 소개하고자 한다. 전직 간호사 출신으로, 간호사 전문 쇼핑몰 '너스키니'를 창업한 김은비 대표의 이야기이다.

김 대표는 간호사 시절, 보급 간호화에 불편함을 느껴 간호사 전문 쇼핑몰 창업을 계획하게 되었다고 했다. 김 대표는 2016년 국내 최초 간호사 전문 쇼핑몰 너스키니를 설립하고, 간호 전문 쇼핑몰이라는 시장을 개척하여 현재는 국내 판매 1위 우수 브랜드로 성장시켰다. 또한 수익금의 일부를 의료진 지원 캠페인에 기부하고 있으며, 비영리단체들과 협업하여 간호사들의 건강한 근무 환경을 위해 노력하고 있다.

창업은 일상 속 고객의 불만 사항이나 고객의 고충점을 해결하려는 노력에서 시작한다. 그런데 그 고객이 바로 나 자신이 되기도 한다. 우리가 느끼는 작은 불편함과 어려움을 해결하기 위한 아이디어가 곧 아이템이 되는 경우가 많이 있다. 김 대표에게 불편한 간호화는 자신의 고충점이자, 곧 창업의 아이템이 되었다. 간호화를 신고 직접 발로 뛴 간호사였기에 그 신발의 불편함을 알게 되었다.

어느 분야든지 그 세계 사람들만 알 수 있는 고충점들이 분명히 있다. 누군가는 그 불편함에 순응하며 적응할 것이고, 누군가는 그 불편함을 해소하기 위해 창의적인 도전을 계획하게 된다. 여러분은 어느 쪽에 설 것인가?

인생 비전

나는 N잡러다

코로나 시국에 창업에만 '올인'하기에는 여러 가지 제약이 있어서 선택한 방법이 바로 N잡러이다. 나의 N잡은 치과위생사, 강사, 본정리컨설팅연구소 대표, 창업대학원 학생, 주부이다. 치과에서는 요일제 근로자로 일하고 있다. 내게 파트타임, 알바, 정직원이란 개념은 의미가 없다. 모든 것이 비즈니스고, 근로 형태와 무관하게 최선을 다하기 때문이다.

요일제 직원으로 나의 포지션은 진료실 업무이지만 정체된 치과 블로그가 안타깝게 느껴졌다. 치과 개원 초기에는 업체를 통해 치과 블로그 관리를 했는데 그 이후 블로그 관리가 잘되고 있지 않았다. 치과 경력과 병원 CS 강사로 쌓인 노하우로 여러 가지 개선 사항들이 눈에 보였다. '오지라퍼' 본능이 발동하여 조심스럽게 원장님께 여러 가지 의견을 제시했다.

치과 블로그 활성화 전략부터 업무 매뉴얼 재제작, 사내 세미나 교육, 치과 내부 환경 정리컨설팅, CRM(고객관계관리) 등의 의견을 가감 없이 이야기했다. 그중에서도 당장 시급하게 진행한 일이 블로그 활성화 작업이었다. 왜냐하면 블로그 활성화는 시간이 걸리는 사안이기 때문이다.

그렇게 치과에서 일어나는 소소한 일상 이야기들을 포스팅하기 시작했고, 원장님은 치과 의료 정보를 올렸다. 1년을 원장님과 함께 블로그를 운영한 결과, 한 달 평균 200명대였던 방문자 수가 4,000명대로 올라왔다. 많게는 6,500명대까지 올라가는 달도 있었다. 치과 치료와 치과 의료상식 등 원장님께서 작성한 치과 정보가 꾸준하게 포스팅되니 치과 블로그가 활성화된 것이다. 주도적으로 그 조직에 일원이 되고자 노력했던 결과에 대한 보람이 느껴져서 행복했다.

늘 그래왔듯 월급만큼 일하는 일개 직원으로만 그 조직에 있고 싶지 않았다. 갑과 을의 관계가 아니라, 서로에게 필요한 존재가 되고자 노력했다. 회사와 근로자는 상호 윈윈 관계가 되어야 한다. 그렇게 나는 치과위생사로 진료팀에 있으면서, N잡으로 아마추어 치과 블로거로도 활동하게 되었다.

대학원 진학

20대 초반 운전면허증 취득은 나의 버킷리스트 중의 하나였다. 그런데 무슨 근거 없는 자신감이었는지, 필기 시험에 쉽게 합격했기 때문에 실기 시험도 쉽게 합격할 수 있을 것이라는 엄청난 착각을 했던 것 같다. 그렇다고 아버지 차를 운전해본 것도 아니었다. 지금 생각하면 어처구니없는 일이지만 그 당시 운전면허를 먼저 취득한 친구가 아빠 차를 몰고 나오면 겁도 없이 한적한 곳에서 조금씩 운전 연수(?)를 해본 것이 운전 연습의 전부였다. 그렇게 말도 안 되는 몇 번의 연습 아닌 연습으로 운전 실기 시험을 보았고, 실기 시험을 통해 운전 코스를 알게 되었다. 결국 다섯 번의 실기 시험을 보고서야 깨달았다. 실전 운전은 자신감과 상상만으로는 어렵다는 것을 말이다. 결국 운전 학원에 등록하여 코스 운전 연습과 도로 연수를 제대로 받고서야 운전면허증을 취득하게 되었다. 그런데 운전면허증을 취득하면 바로 운전을 할 수 있을 줄 알았다. 그것은 또 한번의 엄청난 착각이었다. 노란

색 운전 연수 차량으로는 자신감이 넘쳤는데, 일반 차량으로는 도저히 혼자 운전을 할 수가 없었다. 그래서 결국 운전면허를 취득하고도 한 달을 아버지에게 운전 연수를 별도로 받은 후에야 운전을 할 수 있게 되었다.

창업을 할 때도 과거 운전면허증을 취득할 때와 비슷한 느낌이었다. 나의 창업 아이템이 신박하다고 여겨졌고, 내가 창업을 하면 왠지 잘 될 것만 같았다. 그런데 창업의 길은 생각보다 그리 호락호락하지 않음을 시간이 지날수록 더 절실하게 알게 되었다. 사업자등록증을 냈다고 창업이 끝난 것이 아니었다. 매출이 생겼다고 창업이 성공했다 말할 수도 없는 노릇이었다.

다시 제대로 창업을 공부해야겠다는 생각이 들었다. 그래서 선택한 것이 창업대학원 진학이었다.

호서대 글로벌창업대학원에 재학하며 느낀 점

창업대학원 진학 당시에는 '창업과 경영에 대한 학업을 통해 미래를 잘 준비해야지!'라는 단순한 마음이었다. 그리고 나의 커리어를 업그레이드시키면 창업에 성공할 수 있고, 노년의 삶이 윤택할 것이라 생각했다. 하지만 다양한 경력과 업력을 가진 원우들과의 소통과 교제를 통해, 사명감으로 최선을 다하는 사람들이 많다는 것을 알게 되었다. 그리고 많은 원우들이 개인의 이익보다는 사회와 국가의 발전에 도움이 되고 가치 있는 삶을 위한 미션과 비전이 있기에 대학원에 진학했다고 했다. 더 많은 것을 주기 위해 배움을 선택한 사람들이다.

또한 현장에서 소상공인들을 컨설팅하는 교수님과 원우들을 보며, 1:1 맞춤으로 적합한 컨설팅을 하기 위해서는 다양한 전문가들의 협업이 중요하다는 것을 알게 되었다. 함께할 때 비로소 소상공인들에게 실질적인 도움이 되고, 성공적인 컨설팅 성과가 나온다는 것을 깨달았다. '빨리 가려면 혼자 가고, 멀리 가려면 함께 가라'라는 아프리카 속담이 있듯이, 함께할 때 그 시너지는 배가 된다는 것을 실감하게 되었다.

나의 경력을 업그레이드하는 것은 내 삶을 위한 것이기도 하지만, 사회와 국가 경제에도 도움을 주기 위한 것이라는 책임감과 사명감마저 든다. 이제는 각 개인의 전문성과 협업을 통한 상생만이 건강한 사회를 만들 수 있다는 것을 확신한다.

'의료서비스디자이너'의 비전

창업대학원 진학을 통해 새로운 강사의 비전이 생겼다. 경영과 고객만족은 불가분의 관계이다. 지속적인 고객 만족을 위해서는 조직 구성원이 경영을 이해하지 않고서는 고객서비스를 할 수 없다. 또한 동기부여와 자기계발의 필요성을 깨닫지 않고서는 지속적인 고객서비스는 불가능하다. 그렇기에 진정성 있는 고객서비스를 위해서는 업종별,

현장별, 개인별 맞춤 고객서비스가 필요하다. 우리가 흔히 고객이라 하면 외부 고객, 즉 소비자만을 중시해왔다. 하지만 고객은 외부 고객인 소비자와 내부 고객인 직원으로 나뉜다. 그래서 고객 만족 서비스는 외부 고객과 내부 고객을 모두 만족시켜야 한다.

고객 만족을 위한 마케팅 전략은 날로 세분화되고 있다. 세대와 성별, 선호 등 여러 요소에 맞는 전략을 수립해야 한다. 결국 인간의 심리를 알아야 맞춤형 고객 만족을 실현할 수 있다. 소비자 구매 행동과 소비자 심리는 고객서비스의 핵심이라 해도 과언이 아니다. 그래서 생각했다. 과거에는 단순한 병원 CS 강사였지만 앞으로는 경영과 심리, 동기부여, 자기계발까지 통합해 내부 고객과 외부 고객을 만족시키는 '의료서비스디자이너'가 되겠다고.

경력단절여성인 당신에게

나에게 일이란, 생계수단이자 경력 과정이지만 궁극적인 목적은 소명이다. 치과에서 치과위생사로 만난 환자들의 구강건강을 위해 세심하게 살피고 구강건강 교육을 했다. 정리컨설팅에서도 가정이든 사업장이든 정리를 통해 생활이 윤택해지길 바라며 고객의 입장에서 편리성과 효율성을 고려하며 최선을 다했다. 또한 정리를 하며 버려지고 쓸모없는 물건들을 쉽게 폐기하기보다 도움이 필요한 곳으로 나누었다. 내게 맡겨진 모든 일은 사명이고 소명이라 여긴다. 창업을 하기로 마음먹은 것도 내가 하고자 하는 일이 의미 있고, 개인의 이익보다 공익을 우선하다고 믿었기 때문이다. 또한 정리 일을 통해 인생의 행복감과 충족감을 느끼기도 했다.

'오지랖이 넓다'라는 표현은 부정적인 어감으로 많이 쓰인다. 하지만 내 도움이 필요한 사람들에게 '오지랖 넓은 사람'이 되고 싶다. 그렇게 남들을 도와 창출된 이익을 사회로 흘러가도록 만들고 싶다. 지금은 비록 미약한 창업 초기 창업가이지만, 내게는 확고한 비전이 있다. 머지않은 미래에 나와 같은 의료 경단여성과 후배들에게 창업컨설팅을 하는 사람이 되고 싶다. 나는 오늘도 세상에서 '선한 오지라퍼'의 삶을 살기 위해, 보다 의미 있고 가치 있는 삶을 위해 열심히 배우고 있다. 부디 내 이야기가 여러분들에게 작은 나침반이 되길 바라며 글을 마친다.

디자이너로 21년,
마침내 7.5평 카페를
디자인하다

1. 오너를 꿈꾸는 디자이너

2. 내 삶을 바꾼 7.5평의 공간

3. 가치를 만드는 디자이너

박혜경
카페가치디자이너

박혜경 / 카페가치디자이너

◇ **학력**

호서대학교 글로벌창업대학원 창업경영학과 재학

◇ **경력 및 이력**

現 꽁커피 대표

現 꽁스튜디오 대표

인천 누들플랫폼 관광상품 개발

아이디어스 온라인 클래스 강의 진행 중

인천관광공사 버미, 애이니 캐릭터 양모 브로치 키트 제작

크리에이터스 그라운드 박람회 참석

前 삼성전자 무선사업부 외 다수 웹디자이너 프리랜서

◇ **이메일 / SNS**

이메일: kkongcoffee@naver.com

블로그: 꽁커피

인스타그램: 꽁커피(kkongcoffee)

집필동기

그림 그리기가 그저 좋았던 나는 어릴 적 벽에 낙서하기를 좋아하는 아이였다. 학창 시절에는 미술대회에서도 곧잘 입상하곤 했다. 하지만 남동생이 둘이나 있기에 미대를 꿈꿀 수는 없었다. 일반 대학에 진학하려 했으나 그 시절 IMF로 인한 아버지의 사업 부도로 합격했던 대학도 가지 못했다. 하지만 위기가 곧 기회가 되듯 2년 후 산업디자인과에 진학하여 졸업하게 되었고 내 인생의 첫 직업도 갖게 되었다.

21년 차 웹디자이너로서 2000년대 초반 OKCashbag 사이트 리뉴얼 작업부터 삼성전자, 한화 S&C, 한화생명, 양현재단, 인천교통공사 리뉴얼 등 다양한 업무와 프로젝트에 참여했다.

지금도 지인들은 디자인이나 홈페이지 쪽에서 문제가 생기면 나에게 먼저 전화를 해서 물어보고 해답을 찾는다. 그래서였을까? 뭐든 다 잘할 수 있다는 치기 어린 생각으로 창업이란 시장에 과감히 뛰어들었다. 내가 해준 음식을 가족들이 맛있다 한다고 무턱대고 음식점을 차린 것과 비슷하다.

막상 창업을 해보니 하나부터 열까지 쉬운 게 하나도 없었다. 그나마 디자이너로 일을 했기 때문에 관련된 작업은 직접 진행할 수 있었다. 컴퓨터 세상에서 일했던 디자인과 실제 공간을 꾸미고 적용하는 디자인은 매우 달랐다. 그로 인해 시행착오도 많이 겪어야 했다. 아직도 공간을 꾸미고 일구는 작업은 현재 진행형이다. 어우러지는 공간을 완성하기 위해서는 계속 변화해야 한다. 1인 카페를 처음 시작하는 이들에게 조금이나마 도움이 되고 싶다. 디자이너인 나의 경험과 지식을 공유하기 위해 용기를 내어 공저에 참여하게 되었다.

1

오너를 꿈꾸는
디자이너

여러분의 시간은 한정되어 있습니다. 남의 인생을 살기 위해 당신의

시간을 낭비하지 마세요.

- 스티브 잡스

태평양 며루치

"지구본에서 태평양에 있는 멸치를 표시할 수 있을까?"

중학교 2학년 첫 미술 시간, 선생님은 자신을 '태평양 며루치('멸치'의

경기, 경북 방언)'라고 소개했다. 넓고 넓은 태평양에서 멸치는 표시할

수 없을 정도로 작다고 했다. 자신 역시 세상에서 그런 작고 하찮은

존재라 했다. 우리는 그때 선생님의 깊은 뜻을 이해하지 못했다. 그저

'머루치'라는 말이 재미있어서 깔깔대고 웃었던 기억이 난다.

시간이 흘러 회사생활을 하면서 문득 미술 선생님이 말했던 '태평양 머루치'가 생각났다. 왠지 나도 점점 '태평양 머루치'가 되어가고 있는 것 같았다. 나름 전문직인 디자이너로서 일도 하고 월급도 다른 사람에 비해 많이 받았다. 하지만 어느 순간 하찮은 존재가 되어가는 느낌이 들었다. 큰 톱니바퀴 안에 들어 있는 수많은 나사 중 하나였다. 내가 빠진다고 해도 회사는 아무 이상 없이 돌아간다는 현실이 나를 힘들게 했다. 그렇게 존재 이유를 찾지 못할 때마다 나는 퇴사를 선택했다.

그 후 프리랜서의 생활이 시작되었다. 다양한 회사에서, 특히 많은 대기업에서 근무를 할 수 있었다. 그건 행운이었다. 목에 두른 아이디 카드가 어깨를 으쓱하게 해주었다. 높은 빌딩에서 근무하는 것 역시 내가 뭐라도 된 느낌이었다. 업무 역시, 말하면 다 아는 홈페이지를 제작하거나 관리하는 일이었다. 내 일인 것처럼 열심히 했다. 하지만 프리랜서도 필요 때문에 그 일을 해내는 것일 뿐, 그 이상 그 이하도 아니었다. 일이 끝나면 다른 곳으로 옮겨야만 했다. 역시 또 다른 나사일 뿐이었다.

여전히 나는 회사에서 '태평양 머루치'였다.

'성공시대' 속 사장님을 꿈꾸다

1997년에 시작해 2001년 막을 내린 옛 다큐멘터리 '성공시대'를 기억하는 사람이 있을 것이다. 우리 가족은 그 프로그램을 즐겨 보았다. 어느 날 중소기업의 여사장님 이야기를 우연히 보게 되었다. 가족 같은 분위기의 회사에서 사장님은 직원 한 명 한 명을 보듬으면서 회사를 이끌어나갔다. 그 따뜻한 마음은 TV를 보는 나에게까지 고스란히 전달되었다. 막연하게 나도 저런 따뜻한 마음을 가진 사장님이 되어야겠다는 마음을 품었다.

하지만 현실은 녹록지 않았다. 결혼하고 출산을 하면서 나에게 청천벽력 같은 위기가 찾아왔다. 뉴스에서만 보던 일이 벌어졌다. 사기를 당한 것이다. 그것도 신랑 친구에게…

출산 후 4개월이 지나 복귀를 약속했던 회사는 외주 업체의 사정으로 불발이 되었고, 신랑의 월급만으로는 살아가기 힘든 상황에 이르렀다. 우리는 조바심이 생겼다. 이를 본 친구는 바로 우리에게 접근해왔다. 잘못된 판단으로 그 당시 전 재산이었던 돈의 90%를 빼앗겼다. 그 후 8년을 앞만 보며 살았다. 아니, 돈만 보며 살았다. 따뜻한 사장님이 되고 싶었던 꿈은 생각할 수도, 꿈꿀 수도 없는 현실이었다.

2018년이 되던 해, 사기당하기 전의 상태로 어느 정도 원상복구가 되었다. 앞만 보고 달리던 나에게 '멈춤'이라는 시간이 찾아왔다. 좋은 의미로는 '쉼'이었지만, 나쁜 의미로는 '경력단절'이었다. 그렇게 많았던 프리랜서 일은 어느 순간 뚝 끊겨버렸다. 처음에는 불안했다. 긴장이

풀리니 몸도 아팠다. 난생처음으로 대상포진에도 걸렸다. 지칠 대로 지친 몸과 마음에서 작은 메아리가 들려왔다.

"이제 그만 되었어! 네가 하고 싶은 일을 해봐!"

그동안 잊고 있었던 내 모습을 찾고 싶었다. 나의 꿈, 나의 재능, 나의 행복을….

2

내 삶을 바꾼
7.5평의 공간

인생이란 자신을 찾는 것이 아니라, 자신을 만드는 것이다.

- 롤리 다스칼

from 공방 to 카페

크리스마스이브 날, 즐겨 찾던 곳에서 지금의 공간을 만났다. 1층과 2층으로 나눠진 작은 주택 건물이다. 첫눈에 여기다 싶었다. 이곳에서는 내가 하고 싶은 일을 마음껏 할 수 있겠다는 생각이 들었다. 그리고 이상하게 더는 두려움이 생기지 않았다.

2019년 새해가 시작되면서 본격적으로 니들펠트 공방 개업을 준비했다. 공방 이름은 '꽁스튜디오'이다. 나의 애칭 '꽁이'에서 이름을 따오고, 재미있는 일이 벌어지는 곳이라는 느낌으로 '스튜디오'를 붙였다. 내가 생각하는 공방은, '만들기를 좋아하는 사람들이 모여 따뜻한 수다와 힐링을 나누고 배움을 통해 스스로 원하는 것을 만들 수 있는 곳'이다. 그래서 최대한 공간을 즐겁고 따뜻한 곳으로 만들고 싶었다. 어느 정도 완성되고 나서 원데이 클래스부터 정규반 수업까지 강좌를 개설하고 수강생도 받았다.

대부분의 수업과 작업은 2층에서 이루어졌다. 사용하지 않는 1층은 밖에서 보면 문 닫은 가게처럼 보였다. 어쩔 수 없이 1층에서 작업을 하고 수업도 진행했다. 하지만 지나가는 사람들의 관심은 나의 집중력을 흐트러지게 했다. 공방에 들어와서 의미 없이 물어보는 한마디 한마디가 스트레스였다. 수업 이외의 시간에는 집중할 수 있는 2층에서 작업을 하고 싶었다.

그런 내 모습을 본 남편이 소심하게 제안했다.

"1층에서 내가 카페를 하면 어떨까?"

친구로 인해 힘들었던 과거 때문인지, 언제부터인가 남편은 자기 일에 소극적이었다. 예전부터 카페 사장이 꿈이라던 남편의 얘기가 떠올랐다. 어차피 공간이 남는데 원하는 걸 해볼 기회를 주고 싶었다. 말을 하기가 무섭게 남편은 바리스타 학원을 알아보았다. 7.5평 남짓한 가게에서 어떤 식으로 카페를 하면 좋을지 고민했다. 주변 카페는 대부분 기계로 커피를 내려 판매하고 있었다. 우리는 좀 다르게 차별점을 찾고 싶었다.

사실 카페에 필요한 장비를 갖추는 비용이 만만치 않았기 때문에 선뜻 기계를 사는 것이 부담스러웠다. 그러다 핸드드립 커피를 추천하는 학원을 만나게 되었고, 브루잉 마스터(Brewing Master. 커피에 관한 전반적인 지식을 가지고 소비자의 취향과 요구에 맞게 손으로 직접 내리는 방식을 사용해 커피를 추출하여 제공하는 전문가이다. 우리나라에서는 핸드드립 또는 필터 커피로 많이 알려진 커피이다)라는 과정을 남편과 함께 수료했다.

요즘 '한 집 건너 카페'라는 말이 있다. 동네를 돌아다녀보면 블록마다 카페들이 참 많다. 우리 카페가 자리 잡은 곳도 마찬가지였다. 핸드드립은 탁월한 선택이었다. 여기에 간단한 디저트도 직접 만들어 판매하기로 했다. 커피와 디저트는 신랑이 전담하기로 하고, 나는 카페 개업을 위한 브랜딩 작업을 맡았다.

제일 먼저 고민한 것은 네이밍, 카페 이름이다. 먼저 개업한 '꽁스튜디오' 공방 이름의 '꽁'을 돌림자로 사용하고 싶었다. '꽁카페', '꽁커피', '꽁다방' 세 가지 중 하나를 선택하기로 했다. 최종 선택은 '꽁다방'이었다. 현재 우리 카페가 위치한 인천 개항장이라는 동네는 처음 커피를 팔았던 곳이다. 다방도 처음 생겼던 곳이기 때문에 그 의미를 담아 '꽁'과 '다방'을 연결했다. 하지만 '꽁다방'의 어감이 핸드드립 커피와는 어울리지 않았다. 그래서 추후 '꽁커피'로 다시 수정하게 되었다.

네이밍을 할 때는 정말 깊은 고민을 해야 한다. 특히 자기가 하고 싶은 카페의 분위기와 콘셉트 등을 확실하게 정리할 필요가 있다. 급하게 이름을 만들어 카페를 개업하면 중간에 다시 그 이름을 바꾸게 될 수 있다. 이로 인해 추가 비용이 발생한다. 어쩌면 모든 작업을 처음부터 다시 시작해야 할 수도 있다.

내 손에서 탄생한 브랜드, 꽁커피

공방을 먼저 개업해본 경험으로 카페를 꾸미기 시작했다. 공방은 내가 원하는 스타일로 꾸미고 그것을 좋아하고 배우고 싶은 사람들이 모이는 곳이라면, 카페는 손님들이 좋아해서 머물다 가는 곳이다. 대상(target)과 요구(needs)가 완전히 다르다.

작은 카페이지만 이것저것 챙겨야 할 일이 많았다. 20년 넘게 일해온 나의 디자인 실력과 기술이 발휘되는 시간이었다. 웹디자이너라고 해서 홈페이지만 만드는 것은 아니다. 로고 디자인부터 브로슈어, 현수막, X 배너, 포스터, 전단, 캐릭터, 패키지 등 다양한 디자인 작업을 했다. 특히 작은 회사일수록 디자이너 한 명이 해야 할 디자인 영역은 하나부터 열까지 광범위하다. 그 당시에는 투덜거리면서 했던 일들이 1인 기업이 되니 모두 쓸모가 있었다.

'아는 만큼 보인다'라는 말이 있다. 이 말을 좋아하지만, 참 뼈 때리는 말이다. 디자인 역시 아는 만큼 보인다. 디자이너의 컴퓨터 안에는 수없이 많은 자료가 저장되어 있다. 나 역시 1999년부터 지금까지 틈틈이 모은 자료들이 컴퓨터 안에 무수히 저장되어 있다. 어떤 일을 하려고 할 때 아이디어를 내기 위해 많은 생각과 검색을 한다. 하지만 짧은 시간에 원하는 답을 찾기란 그리 쉽지 않다. 그래서 평소 핸드폰이나 컴퓨터에 저장해두면 필요할 때 유용하게 쓸 수 있다.

'꽁커피'라는 브랜드는 시작부터 끝까지 필요한 모든 작업을 직접 했다. '내가 디자이너여서 참 다행이다'라는 생각이 들었다. 한편, '디자이너가 아닌 분들은 어떻게 혼자서 이런 일을 다 하지?'라는 생각도 들었다. A부터 Z까지의 작업은 아니지만, 카페를 개업할 때 꼭 필요한 디자인 작업에 대해 간단하게 정리를 해보았다. 나 역시 정답은 아니다. 필요한 사항은 개인마다 다르다. 더 필요한 항목은 추가로 찾아서 하면 된다.

카페 개업 시 필요한 디자인 작업		
구분	내용	제작물(확장자)
로고	가로 버전 세로 버전	일러스트 원본 파일(ai, eps) 바탕이 없는 이미지(png) 쉽게 이미지를 확인할 수 있는 이미지(jpg)
간판	간판 종류에 따라 업체와 협의	ai 파일로 제작해 업체에 주문 - 로고가 반영된 시안을 요구(치수 확인) - 확인 후 제작
명함, 쿠폰	명함(연락처, 위치, 판매 품목) 카페 음료 쿠폰	ai 파일로 업체에 주문 - 명함, 쿠폰 참고 크기: 가로 9㎝ × 세로 5㎝ (별도의 크기도 가능)
스티커	봉투나 포장지에 붙일 스티커	ai 파일로 업체에 주문 - 원형, 사각형 등 원하는 모양으로 가능
스탬프	홀더나 포장 봉투에 찍을 스탬프	ai 파일로 업체에 주문
레터링	창문에 붙일 안내문 글	스티커 형식으로 제작 글라스 펜, 포스카 마카로 직접 쓰기
메뉴판	가격 정보를 담은 종이 메뉴	우드 클립보드만을 이용한 종이 메뉴판 추천 (수정 용이)
X 배너	매장 앞에 시그니처 메뉴나 홍보 문구를 넣은 홍보물 (보통 1~2개 정도 설치)	X 배너, 철재 배너 형태로 업체에 주문 (파일은 ai 파일 또는 jpg로 인쇄용 퀄리티로 300dpi로 제작)

로고

'꽁다방'에서 '꽁커피'로 네이밍이 바뀌면서 콘셉트(concept. 목표 소비자에게 제품의 성격을 명확히 부여하는 것이라 할 수 있는데, 목표 소비자는 누구인지, 그들에게 필요한 욕구는 무엇인지 우리 제품만이 가지고 있는 고유한 특징을 가지고 제품의 개념을 만들어주는 것이다. 출처: 네이버 지식백과)가 바뀌었다.

'꽁다방' 로고는 '꽁스튜디오'의 캐릭터 얼굴을 사용해 만들었다. 기존 로고를 활용해 만들어 빨리 제작할 수 있었다. 하지만 두 번째 '꽁커피' 로고는 고민이 필요했다. '꽁커피'는 핸드드립 전문 카페의 느낌과 브루잉 마스터(남편)가 내려주는 남성적인 느낌을 나타내줘야 했다. 우선 다른 카페들의 로고 디자인을 찾아보았다. 핀터레스트(pinterest. co.kr), 구글(google.com), 네이버(naver.com) 등을 통해 '카페 로고', '핸드드립 카페', '예쁜 카페 로고' 등 다양한 키워드로 검색해 잘 만들어진 로고들을 수집했다. 꼭 카페 관련된 로고가 아니어도 된다. 다양하게 찾아보길 권한다. 어느 정도 자료를 찾고 수집하게 되면, 문서 프로그램(한글, 워드, 파워포인트)을 열어 자료를 나열하여 구분해본다. 이때 네이밍의 뜻과 제작된 로고의 이미지가 찰떡같이 잘 맞아떨어진 것을 발견할 수 있다. 이를 디자인 쪽에서는 '콘셉트가 잘 반영되었다'라고 한다. 또한, 자료를 수집해서 분석해보면 내가 원하는 방향이 보일 수 있다.

꽁커피도 이런 자료 수집 과정을 거쳐 원하는 콘셉트를 몇 가지로 정리해보았다.

남성적이면서 부드러운 느낌(기존 꽁이의 캐릭터 이미지를 벗기)
손으로 직접 내린 핸드드립 느낌(손글씨 이용)
친근하고 귀여운 느낌

　방향이 정리되니 머릿속에 어렴풋이 이미지가 떠올랐다. 바로 스케
치를 하고 싶었으나 종이가 없어 핸드폰 메모장에 손가락으로 로고를
그렸다. 아이디어가 생각났을 때는 어디인가에 꼭 메모하라고 권하고
싶다. 만약 내가 이때 핸드폰 메모장에 남기지 않았다면 지금의 꽁커
피 로고는 없었을 것이다. 아래 로고가 그때 아이디어로 만들어진 로
고이다.

<table>
<tr><td>가로 버전</td><td>세로 버전</td></tr>
</table>

　국문보다 영문 'KKONG COFFEE'의 텍스트를 이용하고, 커피를 상
징하는 컵에 부드럽고 귀여운 이미지를 나타내기 위해 눈과 코를 그렸

다. 최대한 단순한 느낌을 살렸다. 컵 위에 물방울을 3개 그려 포인트를 주었다. 의미는 핸드드립에 필요한 요소로 첫째 물의 온도, 둘째 분쇄도, 셋째 물줄기를 나타낸 것이다. 확실한 의도를 품고 아이디어를 생각했더니 내가 원하는 콘셉트의 방향과 맞는 로고가 만들어졌다. 로고는 아이디어가 80퍼센트이고, 일러스트 프로그램을 이용해 나머지 20퍼센트를 채워 완성한다.

이렇게 꽁커피 로고를 아이디어부터 제작까지 자세하게 설명한 이유는, 본인이 디자이너가 아니어도 충분히 아이디어 스케치까지 완료할 수 있기 때문이다. 그림을 못 그려도 상관없다. 그 안에 들어 있는 내용과 의도가 중요하다. 아이디어 스케치가 끝나고 디자이너에게 의뢰하면 비용과 시간을 50퍼센트 이상 아낄 수 있다.

간판

간판의 중요성은 따로 말하지 않아도 잘 알 것이다. 길거리를 돌아다니면서 보면 간판이 정말 많다. 그 종류도 다양하다. 이러한 이유로 간판을 제작하기에 앞서 공간 외관의 특성을 살펴보는 것이 반드시 필요하다. 그 후 간판의 종류를 어떤 걸로 할 것인지 결정해야 한다. 판단이 어렵다면 업체와 상의를 하면 된다. 전문가에게 조언을 받는 것이 실수와 비용을 줄일 수 있는 방법 중 하나이다. 디자이너인 나 역시 간판을 제작하고 설치하는 것은 처음이었다. 이번에 실제 간판

디자인부터 제작까지 하면서 처음과 끝을 경험해보았다.

아래 표는 간판에 대한 기본적인 용어의 설명이다. 업체나 디자이너와 협의할 때 알고 있으면 도움이 될 것이다.

용도별 간판 분류	
전면간판	건물의 앞면에 설치되는 간판. 아크릴, 목재, 금속 등으로 입체적으로 설치(가로형, 세로형)
돌출간판	벽면에 돌출 형태로 설치
옥상간판	건물 옥상에 별도로 설치. 문자나 도형 등을 표시하는 간판
입간판	벽에 기대어두거나 길가에 세워둔 간판
어닝간판	지붕 혹은 천막을 이용한 간판
지주형간판	도로 인근이나 진입로 부근에 허가를 받고 설치하는 간판
현수막	천이나 비닐 등에 글, 사진, 도형을 이용하여 건물이나 벽면에 설치하는 간판
실내간판	건물 내부 실내에 설치하는 간판

설치 위치별 간판 타입(출처: 간판의품격)

분류별 간판을 이미지로 정리하니 훨씬 이해하기가 좋다. 꽁커피에서는 돌출간판, 입간판, 어닝간판 이렇게 3가지를 제작하였다. 업체마다 가격이 천차만별이므로 제작 전 몇 군데 견적을 받아보길 권한다. 건별로 주문하는 것보다 한꺼번에 하면 비용을 조금이나마 줄일 수 있다.

간판은 시각적인 효과를 고려해 눈에 띄게만 하는 것보다 건물과의 조화를 이룰 때 광고 효과가 좋다. 또한, 옆 건물과의 어울림도 고려해야 한다. 꽁커피 주변엔 어닝간판이 많다. 검은색, 빨간색, 갈색 컬러가 모두 사용되었다. 카페라서 처음에 진한 브라운 컬러를 사용해 어닝간판을 만들고 싶었다. 하지만 이미 옆 가게에서 사용하고 있었기 때문에 브라운 컬러는 피해야 했다. 그래서였는지 기존 어닝간판은 네이비 컬러를 사용하고 있었다. 건물 외관이 화이트여서 네이비가 나름 잘 어울렸다. 우리도 기존 컬러를 그대로 사용하기로 했다. 간판 스타일도 같게 하고 기존 프레임을 그대로 사용하여 천갈이만 하는 것의 방식으로 제작하였다. 그래서 비용을 반으로 줄일 수 있었다.

추가로 돌출간판은 업체 사장님이 추천해서 제작하게 되었다. 팔은 안으로 굽는다고, 내 눈엔 저 멀리서도 우리 가게만 보였다. 하지만 일반 손님에게는 다른 가게와 별반 다른 게 없었다. 정면에서는 어닝간판이 보이지만 길을 걸으면서는 어떤 가게인지 보이지 않았다. 그래서 동그란 돌출간판으로 건물과 잘 어울리게 제작하여 포인트를 주었다.

효과는 기대 이상이었다. 지나가는 사람들이 멀리서 올 때, 돌출간판을 보며 가게로 오게 되었다. 단골손님은 오기 전에 돌출간판에 불이 켜진 걸 보고 문을 열었다는 것을 알고 들어온다. 참고로 우리 가게는 24시간 내내 간판에 불을 켜두지는 않는다. 절약 차원이기도 하고, 불이 켜져 있으면 문을 열었고 불이 꺼져 있을 때는 문을 닫았다는 의미를 손님들에게 알려주고 싶어서였다. 이에 대한 에피소드가 있다. 개업 준비로 분주한 어느 날, 점심시간이 되었는데도 평소보다 손님이 없었다. 코로나 때문이라 생각하고 넘겼다. 그러다 오후에 밖에 나가보았는데 돌출간판에 불이 안 켜져 있었다. "엇! 분명 스위치를 켰는데?" 하며 다시 스위치를 확인해보니 켜져 있었다. 전구가 나간 것이었다. 바로 전구를 교체했다. 그 후로 손님들이 들어왔다. 돌출간판은 우리 가게의 개점, 폐점 시간을 멀리서도 확인할 수 있는 알림 역할을 톡톡히 하고 있었다.

아래의 이미지는 간판 업체에 보낸 디자인 파일이다. 작업 의뢰 전, 로고 제작 디자이너에게 일러스트 파일(ai)과 눈으로 확인할 수 있는 이미지 파일(jpg, png, gif)을 꼭 요구하자. 일러스트 프로그램이 없을 땐 어떤 식으로 디자인 내용이 정리되었는지 모르기 때문에 이미지 파일로 확인해야 하기 때문이다. 그 후 간판 업체에 로고 파일(ai)을 메일로 전달해주면 된다.

돌출간판은 원하는 크기와 로고 컬러를 표시해주면 업체에서도 작업할 때 착오가 없다. 바탕 컬러가 필요하면 추가로 적어주면 좋다. 제작하기 전에 간판 업체에 시안을 요구해 적용된 디자인을 꼭 확인해야 한다. 혹시라도 업체에서 빠뜨렸다면 꼭 요청하자.

어닝 간판 로고 파일(Ai파일)

돌출 간판 로고 파일(Ai파일)

KKONG COFFEE

실제 적용 크기 예시

KKONG COFFEE

KKONG COFFEE

어닝간판, 돌출간판 주문제작 디자인 파일 예시

어닝간판은 실측을 위해 업체에서 나와 실사를 한다. 이때 궁금한 부분과 로고 크기 등을 함께 협의해 진행하면 좋다.

명함, 쿠폰

누군가를 처음 만날 때 인사를 나누면서 보통 명함을 내밀곤 한다. 특히 코로나 시기인 요즘은 마스크 때문에 얼굴을 기억하기 힘드니 명함을 개성 있게 만들어 기억하게 만드는 것도 좋은 방법이다.

명함은 보통 직사각형 90㎜ × 50㎜로 표준화된 크기로 만든다. 크기와 종이는 모두 나열하기 힘들 정도로 다양하다. 디자이너거나 그 쪽에서 일하지 않는 이상은 솔직히 뭘 어떻게, 어디서부터 뭘 해야 할지 모른다. 그럴 때는 기본에 충실한 게 가장 좋다. 디자이너로서 다양한 형태의 명함을 만들어본 경험으로 사용과 보관이 편한 일반 크기 명함을 추천한다.

명함에 들어가는 내용은 이름, 연락처, 주소, SNS 등을 넣고 앞면에는 로고를 큼지막하게 넣는다. 더 넣고 싶은 문구가 있으면 추가로 넣어도 된다. 하지만 너무 많은 정보를 넣으면 정작 보여야 할 내용이 안 보이므로 꼭 필요한 정보만 넣기를 권한다.

명함을 제작할 때 쿠폰도 함께 제작하면 좋다. 디자인 및 제작 방식이 똑같고 크기 역시 같게 만들어도 된다. 다양한 형태의 쿠폰이 있지만 처음에는 기본 형식으로 만들고 그 이후 반응을 보고 변화를 주는 것도 좋다.

쿠폰은 카페 초창기 때 꼭 필요하다고는 말을 못 하겠다. 왜냐하면 꽁커피 초기 시절 쿠폰을 내놓고 손님들에게 권했지만 외면을 받았기 때문이다. 의기소침해진 나는 다시 쿠폰을 서랍에 넣었다. 다른 곳에서 하는 방식을 보니 포스기에 고객의 핸드폰 번호를 입력하고 회원으로 등록하여 적립해주는 방식을 사용하고 있었다. 그래서 우리도 그렇게 해보기로 했다. 하지만 1인 카페에서 손님이 몰리는 시간에는 힘든 일이었다. 커피도 내려야 하고 주문도 받아야 하는데 손이 10개라도 모자랄 판에 전화번호를 물어보고 검색해서 적립해주는 게 쉽지 않았다. 그래서 다시 쿠폰을 꺼내놓았다. 쿠폰 역시 손이 가는 일 중하나다.

그래서 손님들에게 직접 찍게 했다. 처음엔 우리의 편의를 위해 권했던 일이 손님들에게는 하나의 재미 요소로 느껴지게 되었다. 특히

꽁이 캐릭터가 컵 위에 올라가게 찍어야 한다는 점이 손님들에게 난이
도가 있는 도장 찍기 게임처럼 느껴지게 하였다.

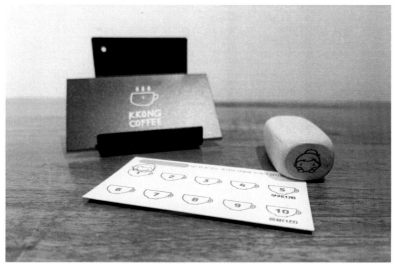

꽁커피 쿠폰과 스탬프

스티커

다양한 활용도가 있는 스티커는 여러 가지 모양의 디자인으로 만들
면 좋다. 사각형, 긴 모양의 직사각형, 원형, 타원형 등 쓰임새에 따라
모양이 제각각이다. 업체에 주문할 때 로고를 이용하고 싶다면 로고
파일(ai)을 보내주고 원하는 스타일을 말해 시안을 요구하면 스티커로
제작된 시안을 보내준다.

꽁커피는 로고를 간단하게 이용해서 원형 스티커를 제작했다. 상황

에 따라 내용이 달라지는 스티커는 그때그때 만들어 프린트해 사용하고 있다. 소량만 필요한데 기본 100장~1,000장은 부담이 되기 때문이다. 스티커 라벨지를 이용하면 편리하게 사용할 수 있다. 프린터가 있다면 이를 잘 활용해보자.

디저트 봉투나 상자에 스티커 하나를 붙여주는 것만으로도 우리 카페만의 정체성이 살아난다. 이곳에서만 먹을 수 있는 유일한 아이템이 되는 것이다. 손님도 마지막에 스티커를 붙여주면 너무 귀엽다며 좋아한다. 여담으로 스티커를 붙일 때는 손님들 앞에서 마지막에 붙여준다. 그렇게 하면 손님들 역시 스티커를 한 번 더 유심히 보게 되어 브랜드 노출에 효과가 있다.

스티커 주문 업체를 검색하면 다양한 업체가 나온다. 상세페이지의 내용을 천천히 읽고 내가 원하는 스타일이 있는지, 가격과 수량은 적당한지를 파악하고 주문하면 된다. 잘 모르겠다면 전화해서 물어보는 것도 빠른 방법이다. 친절하게 답변을 모두 잘해주니 걱정하지 않아도 된다.

처음 스티커를 만들어야 하거나 어떻게 해야 할지 모를 때는 다른 카페나 가게에서 사용하는 스타일을 참고해도 된다. 디자인을 똑같이 하는 건 문제가 되지만 스타일을 참고하는 건 괜찮다. 크기나 재질 같은 경우 일반 사람들이 알기 쉽지 않으므로 자를 들고 크기를 확인하거나 재질이 특이할 경우 사장님에게 물어봐도 좋다. 돈을 들여 만들었는데 잘못 만들어 다시 제작하는 것보다 나으니 용기를 가지고 물어보자.

스탬프

스탬프는 다용도로 사용할 수 있는 효자 아이템이다. 컵홀더 같은 경우 카페 로고를 직접 프린트해서 사용하면 제일 좋겠지만, 대량으로 제작하면 재고와 비용의 부담이 있다. 기본 홀더에 스티커를 붙여도 되고 스탬프로 도장을 찍어도 좋다. 아날로그 느낌을 좋아한다면 스탬프를 더 추천한다.

디저트를 담는 종이봉투에도 스탬프로 찍으면 좋다. 스티커도 좋지만 그것 역시도 추가 비용이 들어가므로 스탬프를 활용하라고 권하고 싶다. 스티커와 스탬프는 활용도가 비슷하나 비용적인 측면에서는 스탬프가 더 좋을 수 있으니 아이템별로 알맞게 사용하자.

스탬프 제작은 크기와 들어가는 내용에 따라 달라지는데 보통 20,000~50,000원 사이의 비용이 소요된다. 잉크는 용도에 따라 별도로 구입하면 된다. 주의할 점은 유성 잉크를 사용해야 물 번짐이 없다. 수성 잉크는 땀이 나 음료가 흘러 닿으면 손에 묻을 수 있으니 주의하자.

스탬프를 찍은 컵홀더

레터링

레터링이라는 용어가 조금 낯설 수도 있다. 흔히 카페 쇼윈도에 붙어 있는, 'OPEN/CLOSE' 시간이 적혀 있는 흰색 글자를 생각하면 된다. 쇼윈도에 제일 많이 사용하는 아이템이다. 매장 영업시간, 판매 메뉴나 서비스 등을 밖에서도 확인할 수 있다. 색다른 디자인으로 카페의 포인트 요소로도 사용할 수 있다. 이때는 디자이너에게 의뢰하는 걸 권한다. 포인트 요소가 될 수 있지만 잘못하면 방해 요소가 될 수도 있기 때문이다. 제작 전 디자이너와 협의하여 전면 사진을 찍어 원하는 문구와 디자인을 넣어 시뮬레이션을 돌려보는 것도 좋은 방법이다.

레터링의 단점은 변경 사항이 있을 때마다 다시 제작해야 한다는 것이다. 작은 비용이라도 잦은 지출은 카페 운영에 도움이 되지 않는다. 비용을 아끼고 싶다면 직접 쓰는 것도 좋다. 손글씨가 예쁘면 좋겠지만 그게 아니어도 괜찮다. 손맛이 느껴지는 글씨는 왠지 정감이 간다. 약간의 일러스트 그림을 더하면 가독성 및 아기자기함을 더할 수 있다. 평소 좋아하는 그림을 저장해두었다가 필요할 때 따라 그려보는 것도 좋다. 먼저 연필로 스케치북에 연습하고 직접 유리에 그려보자. 이때 사용하는 펜은 '글라스 펜'이다. 유리에 직접 그림을 그릴 수 있고 크레파스와 비슷한 느낌의 펜이다. 수용성이라 물티슈로 잘 지워진다. 편의성으로는 최고다. 하지만 밖의 창문에 그림을 그릴 때 비가 오거나 물이 묻으면 잘 지워지므로 주의해 사용해야 한다. 지워지는 게 싫다면 '포스카 마카'를 사용하면 좋다. 수성 페인트로 만들어서,

마르기 전에는 물티슈로 지울 수 있다. 시간이 지나면 굳어 지워지지 않으니 내용을 미리 적어놓고 그리기를 권한다. 만약 마르고 난 뒤에 수정해야 한다면 칼로 긁어 제거하면 된다.

꽁커피에서도 처음에는 레터링 시트지를 이용해 영업시간 및 대표 메뉴를 표시했다. 디저트를 추가하면서 레터링을 수정해야 했다. 추가 비용이 드는 게 부담스러웠다. 또한 앞으로도 계속 메뉴가 변경될 수 있어 고민하다 초등학생 딸이 선물로 받은 글라스 펜 생각이 났다. 유리에 그려보니 기대 이상으로 잘 그려지고 가독성도 나쁘지 않았다. 시즌별로, 또 변경된 메뉴가 있을 때마다 변화를 줄 수 있어 매우 유용하게 사용하고 있다.

글라스 펜을 이용해 그린 메뉴와 영업시간

메뉴판

카페에 들어가서 제일 먼저 찾는 것은 메뉴판이다. 어떤 종류의 음료와 먹거리가 있는지 찾고 주문을 한다. 메뉴판은 가독성이 중요하다. 메뉴를 쭉 나열하는 것보다 종류별로 묶어서 정리해주면 좋다. 먼저 어떤 종류를 먹을지 확인을 하고 그 후에 세부 메뉴를 볼 수 있게 해주면 손님들에게 주문의 혼란을 주지 않는다. 메뉴가 많다면 더더욱 이 작업을 신경 써서 해야 한다.

꽁커피에서는 다양한 메뉴보다는 커피에 집중하기로 했다. 메인은 핸드드립 커피이다. 커피를 못 마시는 분들을 위해 허브차와 청을 준비해 서비스하고 있다. 메뉴도 간단하게 눈에 들어올 수 있게 정리해서 프린트한 후 우드 클립보드에 디스플레이했다. 그리고 옆으로 그날의 원두를 별도로 적어놓는다. 컨디션에 따라 추천이란 문구도 적어 손님들이 바로 선택할 수 있게 도와준다.

"사장님! 여기 따뜻한 아메리카노 주세요!"라고 주문하면, "원두는 어떤 걸로 드릴까요?"라고 다시 물어본다. 처음엔 그 물음을 낯설어하지만, 원두 종류를 보고 본인의 취향을 고민하고 주문한다. 그리고 먹는 커피는 본인이 선택한 취향을 알아 더 음미하게 된다. 어떤 손님은 메뉴를 다시 보고 선택한 원두를 확인하고 기억해 다음에는 메뉴를 보지 않고 바로 주문한다. 원두는 매번 바뀌어서 내용을 수정해 프린트하는 것도 번거로운 일 중 하나였다. 해결책으로 직접 노트에 적었더니 투박한 손글씨지만 그 느낌이 왠지 더 신선도가 있어 보였다.

처음에 비용이 많이 드는 칠판이나 고정 메뉴판보다 우선 간단하게 테스트를 해보고 원하는 메뉴 형식으로 바꾸는 것을 추천한다.

X 배너

카페의 대표 메뉴, 또는 전략적으로 홍보를 해야 하는 부분이 있다면 X 배너를 추천한다. 외부나 내부의 원하는 곳에 세울 수 있어서 홍보용으로 좋다. 행사용일 때는 Y 배너로 거치대만을 이용해 세워둬도 되지만, 외부용일 때는 바람에 넘어지거나 보행자에게 불편함이 없도록 어느 정도 고정이 되어야 한다. 요즘 많이 사용하는 스타일은 플라스틱 통에 물을 넣어 고정하는 방식으로 많이 사용한다. 평평한 바닥에 세울 수 있는 철제 배너도 있으니 참고하면 좋다. 배너의 형태나 크기는 다양하므로 검색을 통해 원하는 스타일을 선택하면 된다.

제작하기 전에 디자인 작업을 해야 한다. 요즘은 일반인도 포토샵, 일러스트를 사용할 수 있어 본인이 스스로 제작하기도 한다. 비용을 아끼려면 그 방법도 좋다. 하지만 몇 가지 유의사항이 있으므로 작업방법을 충분히 숙지하고 작업해야 한다. 예를 들면 일러스트 작업은 원하는 크기로 만들어 ai 파일로 전달하면 된다. 하지만 포토샵일 경우에는 배너 크기를 맞추고 해상도를 200dpi~300dpi로 하는 게 좋다. 그래야 사진 이미지가 선명하게 출력이 된다.

먼저, 배너에 들어갈 문구를 기획해야 한다. 이때 주의사항은 너무 많은 내용을 담으려고 하지 않는 것이다. 빽빽하게 많은 글자와 사진을 넣으면 도리어 배너를 보지 않고 지나쳐버린다. 가장 중요한 내용이 뭔지 확실하게 보여주는 게 중요하다. 오히려 단순하게 만든 게 사람들의 눈길을 끌 수 있다.

꿍커피의 대표 메뉴는 에그타르트이다. 매일 아침 타르트지부터 필링까지 직접 만들어 굽는다. 오전 11시에 새로 구운 에그타르트가 나온다. 다른 디저트들도 있지만, 우선 하나에 집중해 홍보하기로 했다. 재미있는 문구로 시선을 끌고 싶었다. 며칠간의 고민으로 아래와 같은 문구와 디자인이 나왔다. 처음에는 지나가는 손님들의 시선을 끌었고, 그 후엔 들어와 하나씩 샀다. 그리고 이제는 에그타르트 맛집으로 소문이 났다.

눈길을 끄는 카피로 만든 X 배너

다른 이들의 숨결을 품다

카페 인테리어가 어느 정도 자리를 잡고 나니 벽면의 허전함이 보였다. 멋진 그림을 걸면 좋겠다는 생각이 들었다. 인스타그램(Instagram)에서 평소 눈여겨보던 지역 그림 작가가 생각났다. 인스타 DM을 통해 작은 전시회에 관해 이야기를 했고 그녀는 흔쾌히 동의했다. 그렇게 첫 전시를 시작했다. 기간은 이 주 동안, 작품은 두 개를 걸었다. 정말 작은 전시회였다. 그 후로 주변 사진작가들의 사진을 전시하게 되었고 점점 공간에 다른 이야기들이 넘쳐났다.

2020년 공간 지원사업 활동을 하면서 또 다른 전시회를 기획할 수 있었다. '작가와 함께하는 우리 동네 한 바퀴'라는 프로그램을 진행하면서 우리 동네의 추억에 대해 사진작가와 함께 사진을 찍고 그 기억을 남기는 활동을 하였다. 결과로 열두 명의 참가자 사진을 카페에 전시했다. 이야기가 있는 전시라 군이 설명하지 않아도 손님들이 좋아했다. 몇몇 분들은 본인의 추억을 그 사진을 통해 기억하고, 그 시절 이야기를 해주었다. 그 후 2층 공간대여를 하면서 만난 '우주인 프로젝트' 팀이 8주간 수업을 진행한 후 1층에 전시를 하게 되었다. 젊은 감성의 톡톡 튀는 그림은 우리 공간을 순간 활기 넘치는 곳으로 만들어 주었다.

그동안의 전시를 통해 그 어떤 변화보다 전시가 가지는 힘이 크다고 느꼈다. 처음에는 어디서 작가들을 섭외할지 몰라 고민이 많았다. 주변 지인들에게 소문도 내고, 이런저런 활동으로 인연이 된 작가님들에게 하나둘 카페 전시에 대해 제안을 했다. 많은 작가가 흔쾌히 응해주었다. 공간은 협소하지만, 작아서 더 집중해서 볼 수 있는 장점도 있다. 그게 작은 공간의 힘이다.

올해도 작은 전시는 계속되고 있다. 1월부터 시작된 전시는 연말까지 일정이 잡혀 있다. 작가마다 가지고 있는 색과 숨결이 다르다. 그 숨결을 카페에 전시하면 공간에 새로운 향기가 난다. 손님들도 그 향기를 맡고 어떤 때는 취하기도 하고, 어떤 때는 작가를 궁금해한다. 우리는 그 궁금증이 계속되도록 그들의 숨결을 품을 것이다.

3

가치를 만드는
디자이너

◇×◇

당신의 마음속에서 가장 가치 있는 것은 무엇인가요?

- **영화 '타이페이 카페 스토리'** 중

타이페이 카페 스토리

카페를 개업하고 갑자기 '타이페이 카페 스토리' 영화가 다시 보고 싶어졌다. 그 영화 역시 카페에 관련된 영화이다. 처음 볼 때는 예쁜 영상미, 부드러운 재즈 음악, 그리고 영화의 주인공인 두얼의 그림 솜씨에 홀딱 반했다. 그림을 좋아하는 나로서는 두얼이 그린 그림에 완전히 매료되었다. 그 후 영화를 두 번, 세 번 볼수록 그 안에 숨어있는 내용이 보이기 시작했다. 그것은 바로 '가치'에 관한 이야기다.

영화 이야기를 좀 더 하자면, 어느 날 두얼이 마주 오던 트럭과 접촉 사고가 나게 된다. 그리고 차 수리비 대신에 '칼라'라는 꽃을 받아오게 된다. 장면이 바뀌면서 사람들이 나와 수리비로 '칼라'를 받을지, '돈'을 받을지 인터뷰를 한다. 사람마다 선택은 달랐다. 나는 처음에 주인공처럼 '칼라'를 선택했다. 돈은 언제든지 받지만 칼라는 왠지 지금 아니면 못 받아보는 선택권일 것 같아서였다. 그 선택으로 인해 두얼의 카페에서는 여러 가지 상황이 발생하고 변화가 일어났다. 처음 주인공이 생각한 디저트 카페는 물물교환 카페가 되고, 어떤 손님의 이야기로 인해 세계여행이라는 꿈을 갖게 된다. 두얼이 생각하는 가치가 점점 바뀌게 된다. 그리고 그걸 실현해가며 인생을 살아간다.

나 역시도 의도치 않게 공방을 개업하고 덩달아 카페도 개업하게 되었다. 20년 넘게 일한 디자이너라는 직업의 가치를 전에는 몰랐다. 내가 작은 사업체를 운영하며 문제를 해결해나가야 하는 상황이 닥치자, 디자이너였던 나의 역량이 가치를 발휘하게 되었다. 로고 디자인부터 스티커 등 소소하게 들어가는 일들을 모두 해낼 수 있었다. 심지어 포토샵이나 일러스트 프로그램 다루는 방법을 주변 사장님들에게 간단하게 강의도 해주었다. 별거 아닌 것 같았던 나의 능력이 빛을 발하는 순간이었다.

가치 있게! 자신 있게!

세상을 살면서 자신감과 자존감이 중요하다는 건 누구나 잘 알 것이다. 하지만 지나온 과거를 생각하면 나는 자신감도, 자존감도 높지 않았던 것 같다. 일은 하고 있었지만 언제나 부족함을 느꼈고, 사람들 앞에서 말할 때도 반대 의견이나 질문을 들을까 봐 겁이 났다. 시간이 지나면 지날수록 그런 겁은 더 많아졌다.

그런데 작은 카페를 하면서 오히려 그런 겁들이 조금씩 없어졌다. 작은 일이라도 스스로 해결해나갈 수 있고, 더 깊이 고민할 수 있는 게 좋았다. 회사에 속해 있을 때 한번도 느껴보지 못했던 느낌이다. 일종의 부품처럼 취급받고 언제든지 교체될 수 있다는 생각에 늘 불안했는데 지금은 아니다. 나 스스로 그 일에 대한 가치를 부여하고 끝까지 해낸다. 그러면서 나를 더 소중한 존재로 생각하게 된다.

몇 해 전부터 무엇인지 모를 고민에 휩싸여 있었다. 지금 와 생각해보니, 나의 가치에 대한 고민이었다.

친한 언니의 추천으로 늦깎이 대학원생이 되었다. 처음엔 내가 잘하는 것일까 하는 의문이 들었다. 뭘 어디서부터 어떻게 해야 할지도 자신이 없었다. 아직 과정 중이지만 조금씩 내가 뭘 해야 할지 방향이 보인다. 그것은 지금까지 쌓았던 나의 경험을 가치 있게 생각하고, 자신 있게 세상에 선보이는 것이다.

나보다 잘난 사람은 세상에 너무나 많다. 하지만 내가 가지고 있는 가치는 이 세상에 하나뿐이다. 그 가치는 그 누구도 아닌, 바로 내가 가장 가치 있게 빛낼 수 있을 것이다.

나는 더 이상 '태평양 며루치'가 아니다.

경력의 관점을
디자인하라

1. 40대, 나의 현주소

2. 하지 않았던 길이 나의 길

3. 믿는 대로 될 것이다

권태현
자기(自起)경력디자이너

권태현 / 자기(自起)경력디자이너

◇ **학력**

호서대학교 글로벌창업대학원 창업경영학과 재학

한국열린사이버대학교 창업경영컨설팅학과 학사

◇ **이메일 / SNS**

kth9033@naver.com

블로그: 별주부의 배워서 나누기

집필동기

아이가 대학에 들어갈 무렵, 남편의 비자발적인 퇴직이라는 위기 속에서 기회를 찾았다. 그동안 남편에게 의존했던 삶에서 벗어나 주도적인 삶으로 나아가는 과정을 담았다.

『지금 시작하는 부자 공부』의 한 구절이다. "지금 살고 있는 현재는 과거에 내가 했던 행동의 결과이고, 앞으로 다가올 미래는 지금 내가 하고 있는 행동의 결과이다. 그러니 현재 처해 있는 상황을 불평할 일도 없고 지금 다른 행동을 취하지 않으면 미래가 바뀔 것이라고 기대할 것도 없다."

지금 무언가 다른 행동을 하면 미래도 달라질 수 있다는 메시지로 해석하고, 도전하고 성장하고 있는 현재 진행형 이야기이다. 부족하지만 지난날의 나처럼 막연해하고 있는 누군가에게 다시 시작할 수 있는 힘을 주고 싶다.

40대,
나의 현주소

우리가 이룬 것만큼, 이루지 못한 것 또한 자랑스럽습니다.

- 스티브 잡스

경력단절여성의 사회 적응기

나의 첫 직장

20대에 간호조무사를 따고 시험관 아기 시술로 유명한 강남의 A 병원에 입사했다. 새로 진료과가 개설되면서 한의사와 간호조무사를 채용하게 되었기 때문이다. 동네 의원이 아니라 병원에 입사했다는 것만으로도 뿌듯했는데, 사진이 들어간 사원증은 나를 인정해주는 또 다른 증표였다. 지금 생각해보면 너무 유치하지만, 20년 전엔 이름표도 없이 일하는 의원들도 있었다. 8시 30분 근무를 시작으로 5시 30분 정시 퇴근, 깨끗한 근무 환경, 눈치 볼 필요 없이 쓸 수 있는 연월차. A 병원은 나에게 있어 완벽한 직장이었고 특별히 퇴사할 이유도 없었다. 그 시절 일본에서 파견 근무 중이었던 지금의 남편과 3년간 장거리 연애를 했다. 남편의 업무 일정이 늘어나면서 파견 근무 도중에 한국에 나와 결혼식을 했다.

원룸에서 시작한 신접살림

특별한 이유(결혼)로 퇴사하고 남편이 지내고 있던 일본 원룸에서 신접살림을 시작했다. 외국 생활도 처음이고 일본어도 모르는 내게 한국인의 외형적 특성은 감사함 그 자체였다. 같은 동양권이라 상대방이 말만 안 시키면 내가 외국인인지 내국인인지 알 수 없었다. 한 가지 더 감사한 건 환율 계산법이었다. 일본 100엔화는 한국 원화로 대략 1,000원 정도여서 뒷자리 0 하나만 빼면 돈 계산하는 데는 문제가 없었다. 남편이 출근하면 외국인을 위한 무료 일본어 교실을 찾아다니고, 알아듣지도 못하는 TV를 보며 홀로서기에 적응했다.

월급쟁이란 회사에서 하라는 대로 할 수밖에 없는 그런 존재였다. 갑자기 개발 일정이 늘어날 것 같다고 해서 결혼도 했는데, 일정이 변경됐다고 한국으로 돌아가라는 거다. 남고 싶다고 떼쓸 수 있는 상황도 아니었다. 아쉬움을 뒤로한 채 10개월간의 일본 생활을 마무리하고 귀국했다. 이후 첫째를 출산하고 2살 터울의 둘째를 출산하면서, 10여 년 남편의 외벌이 생활은 계속됐다.

두 번째 일본 생활

어느 날 저녁, 남편이 가족회의를 하자고 했다. 안건은 일본 주재원 근무였다. 3년의 일정이고, 이번 기간엔 남편의 책임이 막중하다며 고민이라고 했다. 당시 각각 초등학교 4학년, 2학년이던 두 아이와 나의 투표 결과는 3 대 1로 일본행을 선택했다. 일본어가 가능한 남편은 어깨가 무겁지만 일에만 집중하면 됐다. 일본어를 전혀 모르는 나와 두 아이가 걱정이었다. 결론부터 말하자면 걱정과 달리 두 아이는 친구들의 관심을 받으며 일본 생활에 잘 적응해나갔다. 아들은 "헤이, 패스" 축구로, 딸은 쉬는 시간 친구들과의 수다로 뭐든지 스펀지처럼 흡수하는 아이들이었다.

나만 잘하면 됐다. 어학원을 등록하기엔 비용 부담이 커서 종교단체, 비영리단체에서 운영하는 일본어 교실을 찾았다. 어떻게 하면 일본어를 빨리 배울 수 있을까 고민했다. 반복 노출이 답이었다. 주 5일, 요일별로 다른 선생님께 일본어를 배우러 다니며 듣고 말하기부터 시작했다. 마치 아이가 언어를 배우는 과정과 같았다. 듣고 말하고 읽기가 되니 쓰기도 잘하고 싶었다. 주중에 있었던 내용을 일기로 썼다.

하늘은 스스로 돕는 자를 돕는다고 했던가? 감사하게도 한 선생님께서 교환일기를 써보자고 제안했다. 말 그대로 한 주는 내가 쓰고, 한 주는 선생님이 쓰면서 서로의 일상을 기록했다. 그렇게 일기로 쓰기 영역을 보강했다. 또 다른 선생님께서는 일본어 스피치 대회에 나가보라고 제안했고, 1달 넘게 준비해서 스피치 대회에 나가기도 했다. 귀국을 앞둔 해에는 그동안 공부한 일본어를 테스트해보고 싶어서 일본어 능력시험 JLPT 2급을 접수하고, 일본어 교실에서 만난 친구들과 스터디그룹을 만들어 다양한 방법으로 일본어를 공부했다. 감사하게도 한 번에 JLPT 2급을 취득하고, 두 번째 일본 생활을 마무리하고 한국으로 돌아왔다.

새로운 환경에 도전하고 실행하다 보면 길이 보인다. 내가 하려고 하니까 주위에서 도와준다. 목표를 세우면 아름다운 마침표도 찍을 수 있다.

작은 일에도 최선을 다해라

일본어 교실에선 외국인을 위해 다양한 방법으로 수업이 진행됐고, 그중의 하나가 서예였다. 각자 쓰고 싶은 문구를 모국어로 쓰는 거였다. 첫해에는 '자존'을 썼다. 박웅현 작가의 책 『여덟 단어』에서 제일 먼저 나오는 키워드 자존(自尊)이었다. 스스로 자(自), 중할 존(尊). 나를 중히 여기는 것이다. 이듬해에는 법정 스님의 '있는 그대로가 좋다'를 썼다. 나의 존재를 있는 그대로 받아들이지 못하면 불행해진다. 남과 비교하면 불행해진다. 행복은 누가 만들어서 갖다주는 것이 아니라 나 자신이 만들어가는 거다. 삶을 대하는 우리의 태도를 표현해주는 말들이다. 미술엔 젬병이지만 그 순간에는 최선을 다해서, 한국에서도 받기 어려운 상을 외국에서 받게 되었다.

처음부터 잘하는 사람은 없다. 작은 일도 무시하지 않고 최선을 다하다 보면 생각지도 않은 결과가 생긴다. 잘 쓴 글씨는 아니지만 좋은 글귀에 덧붙인 경험의 스토리텔링이 공감을 얻은 결과다.

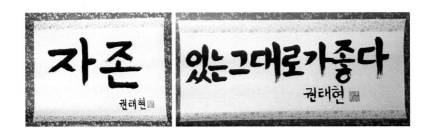

경력단절을 끊고 나간 두 번째 직장

사회에 다시 발을 내디딘 건 둘째가 초등학교 6학년 때였다. 아이들이 혼자 집에 있을 수 있는 시기도 됐고, 아이들의 학원비라도 벌고 싶었다. 마음 한쪽엔 마흔이 넘기 전에 사회에서 나의 자리를 찾고도 싶었다. 10년이면 강산도 변한다더니 실제로 그랬다. 20년 전 구직활동을 할 때는 벼룩시장이나 지인이 알려준 사내 공고를 듣고 이력서를 내기도 했다. 이제는 스마트폰 앱에 사람인, 알바몬, 널스잡에 이력서를 등록하고 구직활동을 하는 시대로 변했다. 첫 번째 직장이 한방병원이어서였을까? 주사 놓는 게 무서워서였을까? 내과, 가정의학과, 정형외과 대신 한의원으로만 이력서를 냈고 면접을 보자는 연락을 받았다. 10년 이상의 경력단절이었지만 간절한 마음이 전해졌는지, 다음 날부터 바로 출근하라고 했다.

주사 대신 침이라는 복병

어느 날 치료를 받고 가신 환자분이 한 손에 침을 들고, 갖다주려고 다시 오셨다. 죄송하다며 사과의 말씀을 드리고, 어떻게 하면 발침(꽂았던 침을 뽑는 일)의 실수를 안 할 수 있을까 고민했다. 여자분들은 몸을 훑는다고 해도 남자분들의 몸을 훑는 건 서로 곤란한 상황이었다. 발침 후 환자에게 "침 덜 빠진 곳 있으세요?" 물어본다. 환자들의 한결같은 대답은, "누워 있는데 내가 어떻게 알아?"였다. "환자분은 어디에 맞았는지 대략적인 느낌이라도 있으시지만, 저는 원장님께서 어디에 놓으시는지도 몰라요." 혼잣말하며 침과 숨바꼭질했다. 환자에게 마무리 인사는 "옷 입으시면서 한번 살펴보세요!"였다. 한의원에서 일한다고 하면 주변에서는 "편하겠어요. 침만 빼면 되잖아요!"라고 말한다. 그건 환자의 측면에서 봤을 때다. 일하는 입장에서는 혹시라도 침이 덜 빠진 곳이 있을까 살피고 또 살피는 게 간호조무사의 주요 업무다. 그 이후 한의원 근무가 처음인 직원이 입사하면 나의 경험담을 들려주며 발침의 중요성을 강조한다.

참을까? 때려치울까?

간호조무사는 취직도 잘되고 이직도 많이 한다. 나 역시 그랬다. 사회에는 팀장이 있을 때와 없을 때 직원들을 대하는 태도가 180도 다른 직원이 있다. 일을 가르쳐준다는 명목으로 자기 할 일을 실습 나온 학생에게 시키는 직원도 있다. 내가 그렇게 못해서 그런가? 그런 직원이랑 같이 일을 못 할 것 같아서 퇴사하기도 했고, 입사할 때랑 근무시간이 달라져 퇴사하기도 했다. 퇴사를 하는 데는 여러 가지 이유가 있다.

취업하기 전에는 '입사만 해도 좋겠다'라는 마음으로 전화 오기만을 기다렸는데, 화장실 들어가기 전과 나온 후의 마음이 다르다는 표현은 이럴 때 쓰는 말인가 보다. 막상 취업하고 나니 20대에 처음 근무했던 한방병원이 그리웠다. 그렇게 20대의 첫 직장과 40대에 만나는 두 번째 직장엔 상당한 거리감이 있었다. 누군가는 "이직할 수 있는 것도 능력이야!", "다른 데 가도 다 똑같아!"라고 말하지만, 각자에게 맞는 곳은 따로 있는 것 같다. 어쩌면 여러 번의 이직을 통해 내려놓기를 배웠을지도 모른다.

트렌드 안에서 움직인 긱워커

※ 긱워커(Gig worker)는 고용주의 필요에 따라 단기로 계약을 맺고 일회성 일을 맡는 근로자를 이르는 말로, 디지털 플랫폼을 기반으로 한 공유경제가 확산되면서 등장한 근로 형태이다(출처: 네이버 시사상식사전).

두 아이를 키우며 틈나는 대로 뭐라도 배우고 있던 동생이 "언니, 정리수납 전문가 자격증 따서 자매끼리 사업이라도 해볼까?"라고 제안했다. 월급쟁이의 삶이 아니라 일한 만큼의 보상을 받을 수 있는 뭔가를 해보자고 했다. 타인에 의해 나의 일정이 정해지는 게 아니라, 스스로 일정을 조절할 수 있는 그런 능동적인 인생을 살고 싶다는 말이었다. 맞는 말이다. 하던 일을 그만두고 직업을 바꾸는 것보다 기존의 일을 하면서 새로운 일에 도전해보는 게 좋을 것 같았다.

정리수납 전문가과정은 내일배움카드로도 배울 수 있다. 하지만 카드를 신청하고 나오기까지는 시간이 걸렸다. 마음먹었을 때 바로 등록할 수 있는 곳을 찾았다. 고정적인 수입이 필요했기에 주 3일만 근무하는 곳으로 이직하고, 긱워커의 근무 형태를 나에게 적용했다. 2급 수료 후엔 바로 1급에 등록하고, 1급 수료식 날 강사님의 추천으로 동기 중에서 첫 번째로 인턴실습을 나갔다.

나를 깨우는 성장 일지

정리 일을 잘하고 싶어서, 일하고 온 저녁엔 나만의 작업 일지를 썼다. 몇 월 며칠 어느 업체, 어느 영역, 잘한 점, 부족한 점, 개선할 점, 새로 알게 된 점 등을 기록하다 보니 여기저기 업체 대표님들이 불러주셨다. 거리 상관없이 대중교통으로 접근 가능하다면 흔쾌히 갔다. 겨우 최저시급 받자고 거기까지 가느냐고 말하는 지인도 있었지만, 비용보다는 경험과 실력을 늘리기 위한 과정이라 생각하고 즐겁게 일하려고 노력했다. 정리수납 일은 정리 전(Before)과 정리 후(After)를 당일 바로 체험할 수 있다는 점이 상당히 매력적이다. 예를 들어, 드레스룸을 정리한다고 하면 옷장의 옷을 전부 꺼내면서 사용자별(아빠, 엄마, 아이)로, 계절별로, 바지는 바지끼리, 셔츠는 셔츠끼리, 반소매는 반소매끼리 구분한다. 고객과의 소통을 통해 불필요해진 옷들은 나눔이나 비움이라는 과정을 거쳐 드레스룸은 새로운 공간으로 만들어진다. 어느새 "이 영역은 선생님 혼자서 하세요", "까다로운 고객이니까 선생님이 해주세요!"라며 나를 찾아주는 업체와 팀장이 있어서 감사했다.

그런데 정리 일을 하다 보니 정리컨설팅을 받고 몇 개월 지나지 않아 다시 원점으로 돌아가는 경우를 보게 됐다. 처음엔 '뭐가 문제지? 내가 정리를 못해서 그런가?' 하며 나를 돌아봤다. 근데 주기적으로 관리를 받는 고객들을 만나면서 정리는 습관이고, 습관은 몸이 기억하는 자동화 시스템이라고 생각했다. 일하는 동안엔 팀원들이 좋아서 재미있게 일했다. 정리 일을 하다 보면 무거운 걸 옮기기도 하고, 같은 자세로 오래 있게 되는 상황이 자주 생긴다. 디스크가 있는 내가 오래 할 수 있는 일은 아니라고 판단하고, 아쉽지만 그만하기로 결심했다. 마지막 정리수납 일을 하던 날 업체 대표와 팀장의 인사는 "선생님, 정리 일하고 싶으면 언제든지 연락하고 오세요"였다. 새로운 분야에 도전해서 내 안에 잠재되어 있던 나를 깨우는 성과를 얻었다.

남편의 비자발적 퇴직

뉴스의 이슈가 내 이야기가 되다

2019년 가을의 어느 날 남편에게 카톡이 왔다. 저녁에 할 말이 있다고 했다. 갑자기 무슨 일이 생긴 걸까? 노파심에 여러 생각들이 스쳐지나갔다. 남편 회사, 본인의 건강 문제, 부모님의 건강 문제. 두 번째, 세 번째는 아닌 게 확실했다. 그렇다면 남은 건 남편의 회사 문제였다. 어느 노래의 가사처럼 슬픈 예감은 틀린 적이 없다고 했던가? 다수의 특허 출원, 2번의 일본 주재원 생활, 2번의 우수사원 선정, 친목회장 등등 대학 졸업 후 25년 넘게 회사만 바라보며 본인이 맡은 일에 최선을 다했던 남편에게 다가온 건 비자발적인 퇴직이었다. 사무기기 설계를 하고 있던 남편의 회사는 일본에서의 경영난으로 한국에는 영업부만 남기고 연구소를 폐쇄하기로 한다는 거였다. 드디어 올 것이 온 것이다. "여보, 20년 넘게 애썼으니까… 쉬면서 앞으로 뭘 할지 생각해 보자." 퇴직을 하면 당장 출근을 안 하니까, 아이들에게 먼저 아빠의 상황을 이야기하고 퇴직금으로 공부는 시킬 수 있으니 걱정하지 말라고 했다. 그다음은 양가 부모님이었다. 걱정하시니까 천천히 말할까 하다가 어차피 알게 되시니까 말씀드렸다. 결과는 불 보듯 뻔했다. 부모님께서는 이 일을 어쩌냐며 고3, 고1에 올라가는 아들과 딸이 있는 우리를 걱정하셨지만 퇴직금과 실업급여로 당분간 지낼 수 있다고 안심시켜드렸다.

실업급여의 감사함을 알다

2020년 3월부터 남편은 실업급여를 받으면서 집에 있었다. 4대 보험을 내는 동안엔 국민연금은 만 65세 이후에 받게 되니까 기다리면 되는 거고, 의료보험은 평상시 병원 다닐 때 필요한 거였고, 산재보험이랑 고용보험은 받을 일이 없을 거라고 생각했다. 20년 넘게 일한 경력과 50세 이후 퇴직이라는 2가지 조건으로 10개월간 실업급여를 받을 수 있었다. 구직활동을 하는 동안 예전 급여의 일부분이라도 받을 수 있어서 감사했다.

"여보, 우리 도배라도 배워서 같이 다닐까?"

"2인 1조 어때? 예전에 이사하고 자기랑 나랑 도배도 해봤잖아."

"어머니가 그러시는데, 도배하시는 분들 집 평수 넓어도 혼자서 다하시고, 요즘은 도배지에 풀칠은 기계가 한다던데, 내일배움카드로 배울 수 있는 교육장 찾아볼까?"

"퇴직금에 손대지 않고 자본금 필요 없는 걸로, 같이 출근하고 퇴근하면 좋지 않아?"

이러한 제안에 대해 남편은 어차피 도배를 배워도 육체노동에 익숙하지 않아 고생할 것 같으니 지금 상황에서는 다른 걸 먼저 찾아보고 싶다며 반대했다.

몇 달 후면 실업급여도 끝나고, 이력서를 올려도 연락은 안 오고, 그렇게 하루하루를 담담하게 받아들이고 있던 어느 날 미용실에 갔다. 디자이너가 정수리 가운데에 머리가 좀 빠졌다며, 원형 탈모인 것 같다며 초기에 병원에 가보라고 했다. 정수리 부분이어서 평상시 거울로는 볼 수 없는 부분이었다. 사진으로 보니 100원짜리 동전 크기였다. 남편에게는 1살이라도 젊을 때 퇴직하고 미래를 준비하는 게 좋지 않냐며 차라리 잘됐다고 겉으로는 호기롭게 말했지만, 나의 입과 마음엔 상당한 거리가 있었던 것 같다.

2

하지 않았던 길이
나의 길

인생에 뜻을 세우는 데 있어 늦은 때라곤 없다.

- 볼드윈

대학원에 가라고?

배울 수 있는 건 도둑질 빼고 다 배워라

창업 교육을 받고 있던 동생이 창업 멘토의 권유로 한국 열린사이버대학(이하 OCU)의 창업경영컨설팅학과에 편입한다고 했다. 그러면서 "언니도 같이 갈래?"라는 말에 '노느니 뭐라도 배워두면 좋겠지!'라는 생각으로 동생과 같이 편입했다. 입학식을 시작으로, 학과에는 졸업생 특강, 외부 강사 특강, MT, 운동회, 졸업식 등 월별로 다양한 일정들이 있었다. 낯가림을 하는 편이지만 있는 듯 없는 듯 참여하는 건 좋아했다.

마지막 학기 졸업시험을 앞둔 11월 OCU 영상 동아리에서 MT를 갔다. 다음 날이 근무하는 날이라 당일치기를 선택했다. 학과 특강 후 가는 MT라 주어진 시간은 3~4시간이 전부였다. 천연화장품 만들기 체험, 바베큐 등 짧지만 굵게 참여했다. 다음 날 출근을 걱정하며 나를 데리러 오기로 한 남편을 기다리며, 현재 1인 미디어 창직협회장인 박정옥 교수와 30분 정도 이야기를 나눴다. 공부를 더 해보라며, 대학원 진학을 추천했다. 호서대 글로벌 창업대학원에 가면 박남규 교수께서 맞춤형 인생 로드맵을 제시해준다고 했다.

'대학원 진학? 공부? 안 하는 것보다 하는 게 좋겠지? 근데, 20대 때도 안 한 공부를 마흔 살이 넘어서 하라고? 대학원은 공부 잘하는 사람들만 가는 곳 아닌가? 제일 중요한 건, 난 창업할 아이템도 창업할 돈도 없는데…. 창업경영학과는 창업한 사람들만 다니는 거 아닌가?'

고3, 고1 올라가는 아들과 딸, 실업급여를 받는 남편! 아르바이트라도 해서 당장 수입을 늘려야 하는데 오히려 지출을 더 만들라고? 우선 학비부터 계산해봤다. 아들 등록금만 계산해도 1천만 원, 나 역시 1천만 원. 2명의 학비만 어림잡아 2천만 원이었다. 숨만 쉬어도 나가는 고정 지출을 먼저 계산해야 하는 현실에 부딪혔다. 많은 물음표가 머릿속에서 맴돌았다. 평상시 나를 지지해주던 남편이었지만 재취업의 가능성이 불투명한 상황이라 고민 끝에 조심스럽게 이야기를 꺼냈다. 우선 다녀보고 아니다 싶으면 휴학하든지 그만두든지 그때 결정해도 되는데 하기도 전에 뭘 그렇게 고민하냐며, 하고 싶으면 해보라고 응원해줬다. 그렇게 11월의 동아리 MT는 인생 최대의 전환점이 되었다.

가지 않은 길이 나의 길

'나는 사람이 덜 밟은 길을 택했고, 그것이 내 운명을 바꾸어놓았다 (Robert Frost, 「가지 않은 길」).'

이 시는 고등학교 영어 시간에 배운 것 같다. 갑자기 「가지 않은 길」이라는 이 시가 떠오르는 이유를 생각해봤다. 누구보다 성실하게 직장생활을 했던 남편, 전업주부로 사회와 단절되어 있던 나에게 사회에서 만난 친구들이 던져준 공통된 화두는 '언제까지 이 일을 할 수 있을까?'였다. 그래서 가지 않은 길, 그동안 하지 않은 길을 가기로 결심하고 줌 수업 때 비디오를 한번도 끄지 않았다. 비디오가 켜져 있는 나에게 교수님의 갑작스러운 질문은 넘기 힘든 큰 산이었다. 제대로 말도 못 하고 동문서답하고 있는 내 모습을 동기들은 너무나도 잘 알고 있다. 수업이 끝나고 너무 창피해서 쥐구멍에라도 숨고 싶다고 남편에게 말하면, 처음부터 잘하는 사람이 어디 있냐며 그 당시 기죽어 있던 나를 응원해줬다. 그렇게 한 학기가 마무리될 때쯤 박남규 교수는 여름방학 프로젝트를 준비했다.

수업 시간에 강조하는 논문, 출판, 사업계획서 중에서 각자 하고 싶은 영역에 참여하고, 프로젝트가 끝나는 마지막 주에 자유 주제로 15분 발표 시간을 갖기로 했다. 드디어 여름방학 프로젝트의 하이라이트인 '나바시(나를 바꾸는 시간)' 발표 순서를 정하는 시간이 됐고, 먼저 하겠다고 손을 들었다. 누군가는 "발표하는 게 뭐 용기 낼 일이야?"라고 말할 수도 있다. 하지만, MBTI 유형에서 ISFJ로 I의 성향이 많은 나로서는 매우 많은 용기를 낸 사건이었다. 참고로 MBTI의 E와 I의 차이점은 에너지의 방향이다. E는 외향형으로 사교성이 뛰어나 폭넓은 대인관계를 유지하고 있으며, 활동적인 자리를 좋아하고 매사 정열적이다. 반면 I는 내향형으로 소수와의 깊이 있는 대인관계를 유지하는 것을 좋아하는 편이며, 조용하고 신중하다.

나의 첫 강의

일주일의 시간 동안 생애 2번째 PPT를 만들었다. PPT는 사진이나 키워드만 보면서 발표하는 자료다. 어떻게 할지 몰라서 A4 용지에 발표 내용을 전부 쓰고 외웠다. 내 이야기를 하는데도 떨리는 목소리는 진정되지 않았고, 동기들이 쳐다보고 있다고 생각하니 외웠던 내용도 기억나지 않았다. 결국 손에 들고 있던 대본을 읽고 강단을 내려왔다. 당장 강의를 나가도 될 만큼 발표를 잘하는 동기, 다음 강의 콘텐츠가 궁금해지게 하는 동기, 자신의 사업 성장 이야기를 발표한 선배. 모두의 발표가 끝나고 투표하는 시간이 됐다. 감사하게도 난 생각지도 못했던 1등이라는 큰 상을 받았다. 나의 첫 강의는 교수와 선배, 동기들 앞에서 한 '나바시' 10분이었다. 내가 받은 1등 상은 어쩌면 노력하는 모습을 응원해주려고 주신 상이 아니었을까?

블로그로 세상과 소통하다

동아리 MT 이후 대학원 진학을 결심했다. OCU 황윤정 교수의 기말고사 리포트에 실천할 수 있는 목표를 쓰는 부분이 있었다. 그때 블로그를 만들겠다고 무언의 약속을 했다. '무슨 내용으로 블로그를 쓰지? 누가 내 블로그를 읽겠어?' 하면서, 2020년 12월 '별주부의 배워서 나누기' 블로그를 만들었다. 별(난) 주부의 '별주부'는 하루 세 끼 거르지 않고 꼬박꼬박 챙겨 먹는 게 특이하다며, 오래전에 남편이랑 얘기하다가 스스로 만들어낸 별명이다. '배워서 나누기'는 일본 주재원 시절 자원봉사자(volunteer) 선생님들을 통해 일본어를 배우고 성장한 그때, 나도 나중에 뭔가를 배우면 어떤 방법으로든 작은 나눔을 실천하자고 생각했던 부분이었다.

'근데 무슨 내용으로 블로그를 쓰지? 맛집 탐방, 여행 블로그를 하려면 어딘가를 계속 찾아다녀야 하는데…' 나의 일상을 쓰는 것도 좋지만 누군가에게 도움이 되는 내용이면 좋을 것 같았다. 우선 OCU 수업 시간에 공부한 프린트도 찾아보고, 강의도 다시 들었다. 다음은 블로그 카테고리의 일부이다.

OCU에서 배운 내용/관련 내용	
① 생각이 자라는 영양(Book)	내가 좋아하는 책과 나에게 필요한 책
② 호서대 글로벌창업대학원	수업 시간에 배운 내용 정리, 수업 중에 나오는 새로운 용어들을 논문에서 인용
③ 창업 보육 전문 매니저	내일배움카드로 종로 여성인력개발센터 수업 내용 인용
④ 별주부의 충전소(充電所)	일상에서 벗어나 잠시 쉬어가는 휴게소

다음의 '스캠퍼기법'은 블로그를 만들고 3번째 쓴 글이다.

스캠퍼 (SCAMPER)
✓ **S**ubstitute
기존의 것을 다른 것으로 대체해보라. ▶ 나무젓가락은 젓가락의 재질을 나무로 대체
✓ **C**ombine
A와 B를 합쳐보라 ▶ 복합기= 복사+팩스+스캔
✓ **A**dapt
다른 데 적용해 보라 ▶ 벨크로(일명 찍찍이) 식물의 씨앗이 옷에 붙는 원리를 응용한 것
✓ **M**odify
변경, 축소, 확대해보라 ▶ 스마트폰 (컴퓨터와 노트북을 간소화해 변경)
✓ **P**ut to other uses
다른 용도로 써보라 ▶ 황토팩
✓ **E**liminate
제거해보라 ▶ 날개없는 선풍기
✓ **R**everse,Rearrange
거꾸로 또는 재배치해 보라 ▶ 하얀 국물 라면

"깔끔하고 보기 좋게 정리된 내용이 좋습니다. 공감, 스크랩, 서이추 (서로 이웃 추가) 하고 갑니다. ^^"

타인에게 받은 첫 서이추였다. 이 댓글에 용기를 얻어 스캠퍼기법 2 탄을 썼다. 스캠퍼기법은 예시 중심으로 썼다면, 스캠퍼기법 2탄은 대 학원 진학 후의 논문을 인용했다. 깊이감이 있어서일까? 지금까지 누 적 조회 수는 1,500건이 넘었다. 고민하는 시간 속에서 블로그의 내용 도 만들고 카테고리도 추가했다. 대학원 진학 후 방문자 수는 눈에 띄 게 달라졌고, 논문을 인용한 게시글들의 평균 사용 시간은 5분 이상 으로 상위권에 있다.

블로그 구독자 증가 추이(단위: 건)				
기간	전체	피이웃	서로이웃	기타
2021.12.월간	2,336	20	13	2,303
2021.11.월간	2,000	35	16	1,949
2021.10.월간	3,607	240	33	3,334
2021.09.월간	1,812	68	38	1,706
2021.08.월간	1,273	14	44	1,215
2021.07.월간	988	13	34	941
2021.06.월간	1,668	5	12	1,651
2021.05.월간	1,391	0	13	1,378
2021.04.월간	1,204	14	19	1,171
2021.03.월간	362	0	9	353
2021.02.월간	74	0	7	67
2021.01.월간	68	0	12	56
2020.12.월간	27	12	2	13

요즘 대세는 유튜브라고 한다. 하지만 개인의 성향, 업종, 시기별로 본인에게 맞는 SNS 채널이 있다. 정보와 지식을 생산하고 공유하고 소비하는 블로그, 인스타그램, 페이스북, 유튜브 등 다양한 채널 속에서 본인에게 맞는 걸 찾아서 시작하면 된다. 할까 말까 망설이고 있다면 우선 시작하라! 고민하는 시간 속에서 방향을 찾을 수 있다.

융합 경력이 대세 - N차원의 경력

평범하게 살아온 나는 앞으로 남은 내 인생에 어떤 준비를 해야 할까? 내가 하고 싶은 일을 하면서 남에게 도움이 되는 일은 없을까? 남들이 만들어놓은 직업에 나를 맞추어야만 할까? 현재 내가 하는 일을 평생 할 수 있을까?

스스로에게 많은 질문을 해보고, 교수와의 상담을 통해 각자의 경험을 바탕으로 세상에 도움이 되고자 제2의 인생을 준비하는 분들에게 로드맵을 공유해보려고 한다.

퍼스널브랜딩 포지셔닝 © 2022 권태현

첫째, 개인별 전문성을 통한 창직이다

나의 브랜드를 만들기 위해서는 시간이 필요하다. 새로운 분야에서 인정받기 위해서 무엇을 하고 싶은지 상상해보자. 단순히 '하고 싶다'라는 생각에서 끝나면 직업으로 발전시킬 수 없다. 세상이 필요로 하는 직업이 되어야 한다. 예를 들어 대학을 나왔다면 전공 분야 A, 직장을 다닌 경력이 있다면 B, 취미로 하는 뭔가가 있다면 C. 이렇게 하면 3가지의 영역이 생긴다. 남들이 하지 않는 영역을 찾기보다는 내가 경험했던 분야를 결합한다. 지금까지의 경력을 더해도 남들과 차별화가 되지 않는다면 대학원 진학을 통해 차원을 개발하여 N차원의 전문성을 만들어야 한다. 그 분야의 안목을 개발해서 강의 컨설팅, 멘토링, 심사, 출판, 논문, 사업계획서 등을 통해 세상과 소통하고 공감을 통해 인정받으면 된다. 나에게도 적용해본다.

둘째, 퍼스널브랜딩이 되기 위해 나를 알려야 한다

내가 브랜드를 만들어도 누구도 인정해주지 않는다. 스스로 나를 팔아야 하고 나를 알려야 한다. 누구도 전문가라고 생각하지 않기 때문에 그 누구도 돈을 주지 않는다. 체험 마케팅(봉사)하라. 처음에는 대가가 없더라도, 봉사의 기회를 통해 나의 콘텐츠를 체험할 수 있게 하는 게 중요하다. 1년만 봉사하면 돈을 지급하고 콘텐츠를 소비할 누군가가 나타난다. 창업은 사업 아이템을 키우는 게 아니라 행복한 인생을 위한 인생 역량 강화를 위한 기본 과정이다. 창업은 스스로 문제를 만들고 해결해가는 과정이다.

믿는 대로
될 것이다

당신이 할 수 있다고 믿든 할 수 없다고 믿든, 믿는 대로 될 것이다.

- 헨리 **포드**

3+1 종합선물 세트

출판

퍼스널브랜딩 출판 수업을 들으면서 11월부터 매일 새벽 5시부터 7시까지 2시간 동안 대학원 동기들의 자율적 운영과 참여로 '모닝 글쓰기'라는 단체 대화방이 만들어졌다. 월요일과 금요일에는 출근을 해야 해서 화, 수, 목요일 3일만 글쓰기에 참여했다. 빨리 가려면 혼자 가고 멀리 가려면 여럿이 가라는 아프리카 속담처럼, 함께하는 시간이 서로를 응원해주는 원동력이 되었다. 새벽은 오롯이 나를 만날 수 있는 시간이고, 나와의 싸움에서 이겨 작은 성취감을 맛볼 수 있는 최고의 시간이다.

논문

프로젝트 과정에서 수업에 빠지지 않고 과제를 꼬박꼬박 제출하는 나에게 박남규 교수는 논문 조교라는 이름표를 달아주셨다. 처음 논문 조교라고 했을 땐 어색했다. 논문의 모든 과정을 다 끝내본 경험도 없는 내가 동기들 사이에서 조교라고 불리는 건 말도 안 된다고 생각했다. 박 교수가 제시한 조교는 학생의 눈높이에서 이해한 논문에 동기와 후배들이 좀 더 쉽게 접근할 수 있게 하는, 반 보 앞에 있는 학생이다. 예를 들어 교수가 과제물을 제출하라고 했을 때 수업을 처음 듣는 동기, 후배들은 어떻게 해야 할지 모른다. 그때 내가 만든 과제물을 단체 대화방에 올리면, 그걸 보고 원우들이 차례차례 과제를 올린다. 사실 논문 조교라고 불리기엔 부족한 점이 너무 많다. 그래서 어떻게 하면 논문을 잘 쓸 수 있을까 고민하고, 어떻게 하면 수집한 논문을 효율적으로 잘 정리할 수 있을까 생각했다. 논문에 대한 단행본을 찾아보고, 그 안에 있는 예시를 따라 해봤다. 질문 속에서 답을 찾을 수 있다. 답을 내리면 행동으로 옮길 수 있다. 책을 통해 제대로 된

질문과 답을 찾고 실행해보는 것이 중요하다.

사업계획서

일하면서 생각했던 사업계획서는 2가지다. 첫 번째는 3D 공간 활용 프로그램이다. 정리수납 전문가 일을 하면서 가구의 이동, 재배치만으로도 죽어 있던 공간이 살아나는 걸 여러 차례 경험했다. 가구의 모양과 크기만 입력하면 3D 시뮬레이션 후 공간을 효율적으로 살려주는 프로그램이 있으면 좋겠다고 생각했다. 산업 어느 분야에선 이와 비슷한 프로그램이 있을 것 같다. 두 번째는 놀이로 접근하는 정리 보드게임이다. 우리가 자기 전에 양치질을 하듯, 정리도 어릴 때부터 몸에 익혀야 할 습관이다. 예를 들어 분리 배출하는 방법, 아껴 쓰고 나누어 쓰고 다시 쓰는 법을 보드게임을 통해 배우고 실생활에 적용해서 정리하는 습관을 자연스럽게 익히면 좋겠다고 생각했다. 한 분야에 오래 있다 보면 문제점이 보인다. 개선할 점도 보인다. 작은 아이디어를 구체화하는 것이 사업계획서의 시작이다.

강의

지난 겨울방학 프로젝트에서는 강의 콘텐츠 개발이라는 주제로 강의를 잘하고 싶은 사람, 강의의 기능을 올리고 싶은 사람들을 대상으로 8주 줌 수업이 진행됐다. 8주의 커리큘럼 과정에 5분 스피치를 하는 날이 있었다. 어떤 주제로 발표해야 하나 고민하다가, 서비스의 4가지 특성(무형성, 이질성, 비분리성, 소멸성)과 간호의 업무를 접목하여 간호학원에서 특강을 한다고 상상하고 자료를 준비했다. 서비스의 4가지 특성 중 1가지를 예로 들면, 이질성은 병원에 갔을 때 한 병원에서도 남자 원장님과 여자 원장님의 진료 방식이 다르고 A라는 직원과 B라는 직원이 고객(환자)에게 응대하는 서비스가 달라서 서비스의 일관성을 확보하기 어려우면 표준화하기 어렵다는 내용이다. 당장 나가서 강의할 곳이 없고, 강의할 준비가 안 되었다고 안 하는 게 아니라 내 상황에 맞게 재해석해서 디자인하면 된다.

경험을 쌓아라

마지막으로 랩에는 심사, 컨설팅, 멘토링 등 학생들이 보고 들으면서 성장할 기회가 많다. 일정이 맞으면 누구나 참여할 수 있도록 인원 제한도 하지 않는다. 11월 어느 날 박남규 교수는 명지대 창업경진대회 심사자로 참여하면서 학생들을 부 멘토로 참관할 수 있게 학교 측에 요청했고, 몇몇 동기들은 멘토링에 참여했다. 예선과 본선 2회에 걸친 멘토링을 통해 대학생들의 열정을 느끼고, 멘토링이 어떻게 진행되는지 직접적으로 볼 수 있었다. 심사가 끝나고 뒤풀이 시간에 60세

에 교수가 되신 교수의 말씀이다. "박사과정에서 겸손을 배웠다!"라고
하신 말씀은 아직도 잊히지 않는다.

여러분은 여러분 앞에 3+1 종합선물 세트가 있다면 어느 것부터 도
전해보고 싶은가?

나의 목표

나처럼 해봐요, 이렇게!

"나처럼 해봐요, 이렇게!" 한번쯤은 들어봤을 말이다. 성공하고 싶으
면 성공한 사람들의 책을 100권 읽고, 강의를 듣고, 그들의 공통점을
따라 해보라고 한다. 멘토를 찾으라고 한다. 멘토가 제시하는 솔루션
을 해보라고 한다. 그래서 따라 했다. 하나씩 따라 하다 보니 공동 출
판이라는 첫 번째 결과물이 만들어졌다. 이끌어주는 교수, 함께하는
선배, 동기, 후배들 덕분이다. 그들의 삶 속에서 답을 찾고 있다. 예전
에는 경영학박사란 특별한 사람만 할 수 있다고 생각했다. 하지만, 이
제는 달라졌다. 내 이야기가 될 수도 있다.

관점을 바꾸려고 한다

안규호 작가의 『THE BOSS(더 보스)』에 나오는 구절이다. 지금부터 시작하면 된다. 포기하지 않고 계속해서 앞으로 나가는 사람에게 언젠가 반드시 기회는 온다. 하지만 그 기회가 왔을 때 내가 0이라면 거기에 어떤 숫자를 곱해봐도 결국엔 0이다. 하지만 내가 1이라도 된다면 거기에 어떤 숫자를 곱하느냐에 따라 값은 완전히 달라진다. 0과 1은 비교 자체가 불가능하다. 엄청난 차이를 지녔다. 비결은 그 하나다. 0과 1이다. 포기하지 않고 계속해서 앞으로 나가는 사람에게 언젠가 반드시 기회는 온다. 지금까지 0으로 살았다면 지금부터 1의 삶을 준비하길 바란다.

그리고, "관점을 바꿔보세요."

요즘 노후대비의 필수코스,
신탁과 성년후견제도

1. 누구나 이용할 수 있는 신탁과 후견

2. 알면 도움되는, 신탁이 꼭 필요한 이유

3. 후견제도 알아보기

4. 은행 퇴직 후 1년, 신탁후견컨설턴트로 이어지는 여정

송정숙
신탁후견컨설턴트

송정숙 / 신탁후견컨설턴트

◇ 학력

호서대학교 글로벌창업대학원 창업경영학과 석사

서강대학교 MBA 과정(주말) 수료

사이버한국외국어대학교 한국어학과 학사

세종사이버대학교 상담심리학과 학사

◇ 경력 및 이력

現 신용회복위원회 신용복지컨설턴트

現 한국후견협회 정회원

現 다문화사회전문가

現 은퇴설계전문가

現 노사발전재단 금융전문강사

前 하나은행 VIP PB

◇ 이메일

irish2001@naver.com

집필동기

우리는 누구나 피후견인이 될 수도, 또 후견인이 될 수도 있다. 눈앞에 성큼 다가온 100세 시대, 성년후견제도와 신탁에 주목하자.

금융기관에서 일할 때 다양한 고객들의 상담 사례를 마주하면서 퇴직 후 후견에 대해 소개하고, 신탁의 유연한 구조에 대해 알려드리고 싶었다.

나 역시 '후견'이라는 생소한 용어와 처음부터 친숙했던 것은 아니다. 후견과 신탁의 결합이 주목받고 있는 요즘, 독자들의 자산관리, 노후대비, 성년후견, 금융 취약계층을 위한 신탁까지 독자가 원하는 삶을 자유롭게 설계하고 완성할 수 있도록 돕는 역할을 하고 싶다.

1

누구나 이용할 수 있는
신탁과 후견

선한 행동 하나로 누군가를 기쁘게 하는 것은 기도를 천 번 하는 것
보다 낫다.

- 사디

퇴직을 앞두고

은행에서 퇴직을 앞두었던 2017년쯤부터 은퇴 이후의 삶을 고민하기 시작했다. 지난 36년간 한 번의 이직도 없이 한 직장에서 삶의 절반 이상을 보내고 돌아보니, 아침에 일어나 출근하지 않는 삶이란 어떤 것일지 감조차 잡을 수 없었다. 평일에 하루 휴가를 내고 햇살을 가득 받으며 걷기 시작하면 그게 어찌나 어색하게 느껴지던지. 얼른

166   관점을 바꾸는 8가지 퍼스널브랜딩

회사에 들어가 자리에 앉아야 마음이 편해지곤 했다.

일정 금액 이상의 자산을 보유한 고객을 상담하는 PB(Private Banker)로 일하다 보면, 자연스럽게 연세가 있는 분들을 많이 만나게 된다. 그리고 그분들을 통해 다양한 삶의 이야기들을 듣게 된다. 상담실로 찾아온 고객의 걱정을 해결해드리기 위해서 정형화되어 있지 않은 사례의 맞춤형 솔루션을 제안해드려야 할 때 '신탁'이 유용하게 적용되곤 했다. 또한 은행의 '성년후견신탁' 상품을 통해 '성년후견제도'를 현장에서 다루어왔다. 이처럼 여러 사례에 대한 솔루션으로 신탁을 제안하면서, 신탁과 후견은 바늘과 실처럼 서로 연결되어 있다는 것을 알게 되었다.

반려견에게 상속했다고? 그게 가능해?

작년 초 뉴스에서 기사를 하나 읽었다. 미국의 싱글 남성이 반려견에게 500만 달러, 한화로 약 55억 원에 해당하는 금액을 상속했다고 한다. 성공한 사업가인 남성은 유언으로 '내가 죽으면 500만 달러를 반려견 룰루를 양육하는 데 신탁한다'라고 남겼다. 신탁 금액 전부는 룰루를 보살피는 데에만 제공할 수 있다고 명시하고, 룰루의 소유자로는 이웃에 사는 오랜 친구를 지정했다. 친구는 반려견을 돌보는 데에 사용된 영수증을 재산관리인에게 제출하고 승인받는 형태로 비용을 사용 중이라고 한다.

해외에서는 심심치 않게 들려오는 '펫 신탁(Pet trust)'에 관한 이야기로, 신탁을 활용하여 반려견에게 상속한 사례다. 이처럼 신탁이란 돈을 갖고 있는 사람(이하 위탁자)이 특정 목적을 위해서 신임관계에 기초한 특정인(이하 수탁자)에게 돈을 맡기는 행위이다. 수탁자는 위탁자가 지정한 대로 재산을 처분, 관리한다.

다양한 사람들에게 활용되는 신탁

우리가 살아가는 고령화 시대, 초저금리 시대에 신탁은 유용한 자산관리수단이 될 수 있다. 그뿐만이 아니다. 보살핌이 필요한 미성년자, 사회적 지원이 절실한 장애인 등 실질적 도움이 필요한 금융 취약계층에게 신탁은 충실한 사회 안전망의 역할을 하고 있다.

마치 부자들만의 제도처럼 느껴질 수 있지만, 신탁은 꼭 부자들에게만 쓸모 있는 것이 아니다. 가족 구조가 다양해진 오늘날, 누구나 자신의 상황에 맞추어 신탁을 활용해볼 수 있다. 기본적으로 신탁은 내 돈이 쓰이는 용도, 재산관리 또는 상속을 미리 내 마음대로 '설계'하는 것이다. 후견제도를 활용해서 재산관리 서비스도 담을 수 있다. 하지만 국내에서는 아쉽게도 이러한 신탁의 자유로운 구조를 활용한 본래의 재산관리 기능보다는 금융상품의 하나 정도로 인식되고 있다.

신탁이란
신탁을 설정하는 자(이하 위탁자)와 신탁을 인수하는 자(수탁자)간의 신임관계에 기초하여 위탁자가 수탁자에게 특정의 재산을 이전하고 수탁자(믿을 만한 자 혹은 금융기관, 개인 또는 법인)는 위탁자(재산을 가진 자)가 지정한 사람을 위하여 재산을 처분, 관리하도록 하는 법률관계를 말한다.

신탁의 용어		
요건	일상용어	신탁 용어
누가	재산을 가진 자가	위탁자
누구에게	믿을 만한 자에게	수탁자
누구를 위해	자신 또는 자신이 지정한 자를 위해	수익자
무엇을	재산을	신탁재산
어떻게	관리, 처분을 위탁	신탁재산의 운용

출처: 배정식 외, 신탁의 시대가 온다, 타커스출판, p. 40

2

알면 도움되는,
신탁이 꼭 필요한 이유

> 건강하고 강인한 사람은 필요할 때 도움을 청하는 사람이다.
>
> - Rona Barrett

3가지 사례를 통한 신탁 소개

아래와 같이 그동안 상담했던 실제 사례들을 통해, 일상생활에서 활용되는 신탁을 소개해보려고 한다.

사례 ①

평소 건강하고, 영업점에서 오랜 거래를 이어온 윤한철(가명, 80대 남성) 씨가 소한을 앞둔 1월, 추운 이른 아침 전화를 했다. 오후에 상담하러 오겠다고 한다. 5년 전 부인과 사별 후, 새로운 배우자(60대)를 만나 혼인신고를 하지 않은 사실혼 상태로 함께 살고 있었다. 본인 사후에 남겨질 배우자를 생각해서 미리 조치해두고 싶다고 했다. 현재 두 아들은 재혼을 반대하고 있어서 사실혼 배우자와 그 자녀(대학생)를 위해 어떻게 대비를 하면 좋을지, 좋은 방법이 있겠느냐고 물었다.

만약 윤한철 씨가 아무런 준비 없이 사망할 경우, 사실혼 배우자인 남은 배우자는 법정 상속인이 아니므로 상속에서 제외된다. 이럴 때를 대비해 일정 금액을 위탁자는 윤한철, 수익자는 남은 배우자로 신탁해놓으면 윤한철 씨 사후 다른 상속인들의 동의가 없더라도 남겨진 배우자가 신탁된 금액을 받을 수 있다.

사례 ②

한수원(가명, 50대 남성) 씨는 5남매의 장남으로 어려운 집안 형편에서 자랐다. 그럼에도 불구하고 공부를 잘했던 한수원 씨는 부모님의 뒷바라지 덕택에 끝까지 학업을 마치고 의사가 되었다. 현재는 다른 형제의 도움 없이 홀로 고령의 부모님을 경제적으로 부양하고 있다.

부모님을 더욱 편안하게 모시고 싶은 마음에 아파트를 사들여 현재 그 집에 두 분이 거주 중이라고 한다. 즉, 실소유자는 한수원이고 명의만 아버님 이름으로 해두었는데 최근 아버님의 건강이 좋지 않아서 아버님 사후 부동산 처분에 대해 고민이 된다고 했다. 물론 동생들도 부모님 거주의 아파트 실소유자가 한수원 씨인 것을 잘 알고 있고, 동생들 모두 착한 성품으로 차후 별다른 갈등은 없을 것으로 예상하지만 혹시 모를 예상치 못한 상황에 미리 대비하고 싶다고 했다.

이럴 때도 신탁은 좋은 해결책이 된다. 한수원 씨는 부모님이 거주 중인 아파트에 대해서 금융기관과 신탁계약을 체결하여, 수탁자인 금융기관에 아파트를 맡기고 부모님 사후 수익자를 한수원으로 지정하였다. 신탁이라는 투명하고 객관적인 시스템을 이용하여 금융기관에서 깔끔하게 집행까지 일사천리로 마무리하기 때문에 상속 집행과정에서 예상되는 다른 형제들 사이의 마찰을 예방할 수 있다.

사례 ③

박연옥(가명, 60대 여성) 씨는 중학교 교감직에서 퇴직했고, 현재 미혼이다. 처음 후견과 신탁 용어를 들었을 때는 당장 본인에게 필요한 것인지 실감이 나지 않았다고 했다. 하지만 최근 어떤 일을 계기로 앞으로의 여생을 생각하니 결혼도 하지 않았고 직계가족도 없는 상황이라 사후 남은 재산을 어떻게 처리할지, 이러한 본인의 상황도 신탁과 후

건으로 풀 수 있는지 궁금해했다.

　사람의 얼굴 모습만큼 우리 삶의 형태는 다양하다. 신탁은 이런 삶의 모든 형태에 맞추어 자유롭게 구현될 수 있다. 박연옥 씨는 아파트를 한 채 보유하고 있고, 교직에서 퇴직 후 사학연금을 받고 있기 때문에 재정적으로는 부족함이 없는 상태지만 다음의 경우에 신탁을 활용할 수 있는지 여부에 대해 알고 싶어 했다. 첫째, 갑자기 건강이 안 좋아지면 누구에게도 아쉬운 소리 하지 않고 당당하게 단체나 개인으로부터 도움을 받고 싶다. 둘째, 사후 남은 재산은 오랜 기간 한결같이 소소한 일까지 자신을 돌봐주고 있는 조카(40세)에게 반을 상속하고, 나머지 반은 본인이 원하는 종교재단에 기부하고 싶다. 만약 아무런 대비 없이 사망할 경우, 박연옥 씨는 6남매의 막내여서 상속 순위 때문에 이러한 계획대로 처리될 수 없는 상황이다. 하지만 박연옥 씨가 원하는 상황을 맞춤 신탁으로 담아낸다면, 생전에는 위탁자(박연옥)의 생활비, 의료비, 요양비 등을 위탁자가 원하는 방식으로 수탁자(금융기관 등)가 처리하고, 사후에는 남은 재산이 조카와 기부단체에 이전되도록 설정할 수 있다. 바로 '유언대용신탁'과 '기부신탁'의 결합이다.

유언대용신탁

　'유언대용신탁'이라는 명칭에 유언이 들어가 있어서 사후에 활용되는 것으로 생각할 수 있지만 그렇지 않다. 수탁자(금융기관 등)가 위탁자(재산을 맡기는 사람)와 생전에 신탁계약을 맺고 위탁자가 살아 있는 동안에는 위탁자 자신을 수익자로 지정해 재산을 관리하고, 사후에는 계약 내용대로 재산을 분배하고 관리하는 신탁이다.

따라서 생전에는 자신의 재산을 안전하게 지킬 수 있고, 사후에도 일정 기간 통제권을 가질 수 있다는 특징이 있다. 앞의 사례에서 만약 박연옥 씨가 별도의 신탁을 설정하지 않을 경우 상속 순위는 아래와 같다.

상속 순위

상속인은 다음과 같은 순위로 정해진다. 피상속인의 법률상 배우자는 피상속인의 직계비속 또는 피상속인의 직계존속 상속인이 있는 경우에는 이들과 함께 공동상속인이 된다. 피상속인의 직계비속 또는 피상속인의 직계존속인 상속인이 없는 때는 단독으로 상속인이 된다.

1순위	피상속인의 직계비속(아들, 딸, 손자, 손녀)
2순위	피상속인의 직계존속(부모, 친조부모, 외조부모)
3순위	피상속인의 형제자매
4순위	피상속인의 4촌 이내 방계혈족(삼촌, 고모, 이모, 사촌 등)

유언대용신탁과 유언장의 차이

구분	유언대용신탁	유언서
형식	계약서(심리적 부담감 및 거부감이 낮음)	유언서
방식	고객(위탁자)과 수탁자가 계약서를 작성하는 것이므로 특별한 방식의 제한 없음. 고객의 의사능력만 있으면 유언대용신탁계약서는 유효	자필증서, 녹음, 공정증서, 비밀증서, 구수증서, 방식마다 증인 등. 엄격한 요건 충족하여야 함. 요건 충족하지 못한 유언서는 무효.
생전 자산관리	생전에도 유언대용신탁계약서의 효력이 발생하므로 수탁자가 은행일 때, 유언대용신탁계약서에 따라 생전 재산관리를 함	유언서만 작성되어 있을 뿐 생전 재산관리는 이루어지지 않음(유언서는 사후에 효력 발생)

고객들과 함께한 소중한 인연

이러한 사례들은 은행 재직 당시에는 제한된 근무 시간 내에 마쳐야 하는 업무였지만, 퇴직 후 지나고 보니 직장이 아니었다면 경험할 수 없었을 고객들과 함께한 소중한 상담 시간이었다.

교육을 통해 뭔가 더 배우고 싶다는 생각이 들던 때, 한국금융연수원에서 '신탁상속설계전문가과정'이 개설되었다. '내가 좀 더 많이 알면 고객들께도 다양한 정보를 알려드릴 수 있겠구나' 하는 기쁜 마음으로 주말 시간을 활용해 참여했다. 내가 상담했던 사례 외에도 더욱 다

양한 상황에서 신탁의 활용도를 배우고, 직접 신탁을 설계해보는 과
정이 배울수록 재미있었다. 지식이 파생될수록 궁금한 것들도 더 많
아졌다.

3

후견제도
알아보기

충분히 오래 귀담아들으면 대개 적절한 해결책을 생각해내게 된다.

- Mary Kay Ash

성년후견제도란

아무리 좋고 도움이 되는 제도일지라도, 어떤 계기를 가지고 직접 부딪쳐보기 전까지는 잘 이해되지 않고 어렵게 느껴지는 개념들이 있다. 내게는 '후견'이라는 두 글자가 그랬다. 신문에서 가끔 볼 때도 '대기업 총수의 성년후견', '유명 영화배우의 성년후견'이라는 식으로 등장하니 '뭔가 재산이 많아야 후견인 제도가 유용한가 보다' 정도로만 알고 있었다. 그러던 차에 교육을 들으며, 후견제도는 나와 내 이웃이 필요할 때 언제든 도움을 받을 수 있는 제도라는 걸 알게 되었다.

성년후견제도는 질병, 장애, 노령 등의 사유로 인해 정신적 제약을 가진 사람들이 존엄한 인격체로서 주체적으로 자신의 삶을 영위해나갈 수 있도록 도입된 제도다. 종류는 다음와 같이 법정후견(성년후견, 한정후견, 특정후견)과 '후견계약'을 통해 스스로 후견인을 결정하는 방법인 임의후견이 있다.

성년후견제도의 종류			
종류	법정후견			임의후견
	성년후견	한정후견	특정후견	임의후견
개시 사유	정신적 제약으로 사무처리능력의 지속적 결여	정신적 제약으로 사무처리능력의 부족	정신적 제약으로 일시적 후원 또는 특정 사무에 관한 후원의 필요	
후견인의 권한	원칙적으로 포괄적인 대리권, 취소권	법원이 정한 범위 내에서 대리권, 동의권, 취소권	법원이 정한 범위 내에서 대리권	각 계약에서 정한 바에 따름
본인의 행위능력	원칙적 행위능력 상실자	원칙적 행위능력자	행위능력자	행위능력자
비고	가정법원 심판	가정법원 심판	가정법원 심판	후견 계약 가정법원의 후견감독인 선임

어떤 사람들이 후견인으로 선임될까?

법원은 우선 본인의 의사를 존중하되, 본인의 건강, 생활 관계, 재산 상황 등 여러 사정을 고려하여 적합한 자를 후견인으로 선임하게 된다. 가족, 친척, 친구 등은 물론 변호사, 법무사, 세무사, 사회복지사 등의 전문가도 후견인으로 선임될 수 있고, 여러 명이 선임될 수도 있다.

후견인은 어떤 역할을 할까?

선량한 관리자의 주의로써 피후견인의 복리를 위해 후견사무를 처리하여야 하고, 피후견인의 의사를 존중하여야 한다.

재산관리	피후견인 스스로 재산을 관리하는 능력이 충분하지 않기 때문에, 후견인은 피후견인의 재산을 관리하고 법률 행위의 대리권, 동의권 등을 행사할 수 있는데, 이는 후견의 종류에 따라 법원의 심판에서 구체적으로 정해진다.
신상보호	피후견인의 안정된 생활과 건강관리를 위한 신상보호 역할을 한다. 의료, 재활, 교육, 주거의 확보 등 신상에 관한 사항에 관하여는 피후견인이 단독으로 결정하는 것이 원칙이다. 그러나 피후견인이 스스로 결정하기 어려운 경우라면 복지시설 입소계약·의료계약의 체결, 변경, 종료 및 비용의 지급 등 후견인이 법원으로부터 권한을 부여받아 신상에 관한 결정을 할 수도 있다.

후견인에 대한 보수는 누가 지급하나?

피후견인의 재산에서 지급하도록 규정되어 있다. 다만, 친족후견인처럼 보수를 지급받을 의사가 없는 경우에는 보수 지급에 대한 부담이 없게 된다.

뜻이 있는 곳에 길이 있다

'사회에서 만난 상대방이 피후견인이라면 어떻게 해야 할까? 내가 후견을 받는 입장이라면 어떨까?

생각을 확장하다 보니 내용에 흥미가 생겼다. 뜻이 있는 곳에 길이 나는 건지, 한 가지에 관심을 두니 나아갈 방향이 징검다리처럼 나타나기 시작했다. 2018년은 일본 미쓰이 스미토모 신탁은행에서 진행한 '재무컨설턴트를 위한 신탁 해외연수과정'에 선발되어 교육을 받게 된 해였다.

우리보다 앞서 고령화가 시작된 일본의 금융과 발달된 신탁 업무를 직접 경험하면서, 생각보다 후견제도가 특정 계층만을 위한 것이 아니라는 것을 알게 되었다. 나이 드신 부모님이 아프서서 법률 행위 판단이 어려울 때나 어린 청소년이나 장애인이 홀로 남겨졌을 때 등, 우리 주변의 보통 사람들이 난처한 상황에 놓였을 때 활용할 수 있는 여지가 무궁무진했다. 나아가 한국에서 고객들에게 우리 상황과 정서에 맞게 어떻게 적용해볼 수 있을지 고민해볼 수 있는 계기가 되었다.

최근 신문을 보는데 눈에 띄는 기사가 있었다.

'시급한 업무를 보기 위해 수년째 와병 중인 어머니를 병상째 은행에 모셔갔습니다'. 지난 8월 A 씨(35)는 부친이 급작스레 변고했다는 연락을 받았다. 급히 상을 치른 직후 A 씨는 부친 사업과 관련해 시급한 업무들이 있음을 알게 됐다. 이를 위해 그는 경기 지역 한 요양병원에서 수년째 거동이 불가능한 채 와병 중이던 모친에게 재정적 도움을 받고자 했으나 은행에서 지정된 후견인이 아니면 업무 처리를 위해 당사자가 와야 할 수밖에 없다는 안내를 받았다. 상담한 법무사 또한 후견인 지정까지 여러 달이 걸려 물리적 시간이 부족하다는 의견을 줬다. 결국 그는 사설 구급차를 불러 모친을 병상째로 요양병원 인근 은행까지 모신 후에야 일을 처리할 수 있었다(출처: 2021년 12월 21일 아주경제 신문).

실제 은행에서 근무하다 보면 이 기사와 유사하게 안타까운 사연이 많다.

후견제도를 소개하고 상담한 2가지 사례

사례 ①

80대의 아버님을 둔 강기훈(가명, 50대 남성) 씨가 은행 영업점에 방문했다. 아버님이 갑자기 중환자실에 입원하게 되어, 아버님 명의의 예금 통장을 해지하여 병원비와 그 밖의 급한 자금으로 써야 했다. 강기훈 씨가 가정법원에서 후견인으로 판결 받기까지는 수개월이 걸릴 것이고, 아직 상속되지 않은 자금을 본인이 아닌 사람에게는 지급할 수가 없는 상황이었다. 그러나 아버님을 도저히 은행으로 모시고 나올 수 없는 딱한 사정을 듣고, 직원인 내가 직접 병원으로 가서 중환자실 앞에서 아버님의 의식이 돌아올 때까지 기다렸다가 간신히 청구서 서명을 받아 와 지급해드린 사례가 있다. 물론 강기훈 씨는 너무나 고마워했다.

이 상황은 아주 예외적인 경우라 일시적인 방법으로 해결할 수 있었지만, 예금 지급을 모두 이렇게 처리할 수는 없다. 지속해서 지급처리는 곤란했기 때문에, 강기훈 씨에게 두 가지 방법을 제안했다. 첫째는 남아 있는 예금 지급을 위해 성년후견제도를 이용해 가정법원에서 후견인 지정을 받거나, 둘째는 금융기관의 성년후견신탁을 이용하여 미리 지급 청구대리인을 등록하는 방안이었다.

사례 ②

앞의 사례와 비슷하게 60대 아버님의 예금 해지를 원하는 30대 아들의 전화 문의를 받았다. 예금을 해지하려면 본인이 직접 영업점을 방문해야 하는데, 아버님이 몸이 불편하셔서 바깥출입을 하신 지가 오래되어 외부에 나오길 몹시 꺼려하는 상황이었다.

마찬가지로 강기훈 씨의 사례에서 소개했던 두 가지 방법을 안내했다. 다행히 급하게 써야 하는 자금이 아니라 시간적인 여유가 있어서 첫 번째 방법을 선택하고, 가정법원에 후견인 신청을 하여 진행 중이라고 했다. 이후 후견인으로 선임된 아들이 서류를 가지고 은행을 방문했을 때 아버님 명의의 예금을 지급해줄 수 있었다.

미성년자의 예금이라면 법정대리인인 부모의 신분을 확인한 후에 지급이 가능하다는 절차가 있으나, 성년인 부모 또는 성년인 자녀의 예금을 찾고자 하면 현재로서는 본인, 지정된 후견인만 가능하다. 하지만 각각의 현실적인 상황을 들여다보면 위의 사례들처럼 명의자 본인이 직접 방문할 수 없는 경우가 종종 있다. 이때 꼭 찾아야 하는 예금이라면 가정법원에 성년후견인을 신청하거나 금융기관의 성년후견신탁을 고려해볼 수 있다.

성년후견 개시는 신중히

급하게 닥친 금융업무를 처리하기 위해, 또는 특정한 법률 행위의 필요 때문에 진행하는 일회성 업무로 오해하고 성년후견제도에 대한 정확한 이해 없이 성년후견 개시 신청을 할 수 있다. 후견심판 개시는 후견의 시작이지, 후견의 끝이 아니다.

예금을 전부 찾았거나, 상속 재산을 정리했더라도 마음대로 후견인의 업무를 종료할 수 없다. 가정법원에 후견 종료등기를 신청하여 가정법원의 허가를 받아 후견 계약을 종료해야 한다.

4

은행 퇴직 후 1년,
신탁후견컨설턴트로 이어지는 여정

우리는 서로 간에 무한한 신뢰를 가져야 한다.

- Henry David Thoreau

열정 위에 지식을 더하다

최근에는 금융과 복지를 결합한 '복지금융'으로 사회에 선한 영향력을 전할 수 있는 일을 하고 싶다는 꿈을 갖게 되었다. 그동안 커다란 조직 속에 가려져 있던 나의 경험들이 차별화된 경쟁력으로 구체화하기 시작하자, '신탁후견컨설턴트'가 된 나의 미래가 점점 더 선명해졌다.

30년 이상 직장인으로 근무하면서 창업은 다른 세상의 이야기인 줄만 알았다. 그럼에도 불구하고 선뜻 창업이 가깝게 느껴지게 된 것은 현재 재학 중인 호서대 글로벌창업대학원 박남규 교수와 한현정 대표(리커리어스쿨, 마미킹 대표)의 긍정적인 동기부여 덕분이다.

생각만으로는 창업이 흐지부지될 것 같아, 자격증을 공부해야겠다는 생각이 들기 시작했다. 특정 분야의 기본적인 지식을 짧은 시간에 집중적으로 배우려면 자격증 공부만 한 것이 없다고 생각했기 때문이다. 나의 은퇴 자격증 준비는 그렇게 시작되었다. 후견제도는 금융과 복지를 같이 품고 있어서 항상 마음이 가는 분야이다. 금융 자격증은 이미 CFP(국제공인재무설계사)를 보유하고 있다. 그렇게 해서 2019년 1월 사회복지사 1급, 2019년 11월 직업상담사 2급, 2020년 10월 한국어교원, 2021년 12월 공인중개사 자격증을 취득하였다.

사회복지사 자격증을 통해 후견제도의 신상보호를 깊이 이해하게 되었고, 공인중개사 공부는 후견제도의 재산관리 중 피후견인의 주거 안정에 필요한 부동산을 폭넓게 이해하는 데 도움이 되었다. 그리고 성년후견에 대한 전문성을 더욱 갖추기 위해, 2021년 퇴직 후 바로 한국후견협회의 전문 법률 교육프로그램에 참여하였다. '한정후견 개시를 위한 심판청구 취지의 문서'와 '후견계약서' 등을 직접 작성하고, 변호사의 피드백을 받아 후견인 양성 실습과정을 마쳤다. 서류에 등장하는 '추정상속인(장래 상속이 개시되었을 경우 상속인이 될 사람)', 'K-MMSE(Korean mini-mental state examination. 한국형 간이 정신상태 검사)', 'CDR 점수(Clinical Dementia Rating. 임상치매평가 척도로 치매 환자의 전반적인 인지사회적 기능의 정도를 평가하기 위해 개발된 도구)' 등과 같은 전문용어도 은행 재직 시절부터 업무상 접해왔기 때문에 무리 없이 작성할 수 있었다. 후견의 필요성, 후견인의 대리권의 범위, 후견인의 동의를 받아야 하는 행위의 범위, 신상 결정권의 범위를 서술하는 내용 역시 여러 사례를 다루었던 경험 덕분에 자신 있게 쓸 수 있었다. 모두 '신탁후견컨설턴트 송정숙'으로 이어지는 여정이었다.

정신과 몸이 건강할 때 임의후견계약

사회의 구조적인 변화와 함께 후견제도에 대한 높은 관심과 활성화가 예상된다. 재산의 많고 적음과 상관없이 누구에게나 열려 있는 제도임에도 불구하고, 대중적으로 신탁과 후견제도 정보에 대한 접근이 아직 쉽지 않은 것 같다.

독자들에게 성년후견제도의 4가지 종류(성년, 한정, 특정, 임의) 중 건강한 상태에서 내 의지대로 미리 대비할 수 있는 '임의후견제도'에 대해 적극적으로 알리고 싶다. 임의후견계약을 공정증서로 체결하고 등기해두면 나중에 혹시 정신적으로 어려움을 겪게 되더라도 미리 지정한 후견인에 의해 재산과 신상에 대해 안전하게 돌봄을 받을 수 있다.

이렇게 미리 준비할 수 있는 제도적인 장치가 있지만, 임의후견계약이 활성화되지 않는 이유는 아마도 건강할 때는 건강이 나빠진 이후를 준비하지 않는 문화와 연관되는 것 같다. 우리는 미리 '좋지 않은 무언가'를 생각하는 것에 대해 외면하고 금기시하는 경향이 있다. 일반적으로 많이 활용되는 보험과 대비하여, 임의후견계약은 갑자기 특정 상황에 부딪치더라도 스스로 준비하고 마련해둔 설계도대로 상황을 관리할 수 있도록 도와주는, 더 적극적인 대비책이다. 고령사회를 지나 2025년부터 초고령 사회로 접어드는 시기에 좋은 제도라고 생각한다.

성년후견제도 이용 절차(임의후견계약)		
1	후견인 선정	치매 등의 상황에 이르렀을 때 나를 위해, 내가 원하는 방식으로 일을 처리해줄 수 있는, 신뢰할 수 있는 사람으로 후견인을 선정한다.
2	인생계획 및 상속계획	어떤 일을 어떻게 맡길 것인지를 정한다. - 재산관리 계획(예금, 부동산 등) - 신상보호 계획(의료, 주거, 복지 등) - 상속계획
3	후견계약서 공증 및 후견 등기	후견계약서 작성 후견계약서 공증(공증사무소 직접 방문하여 공정증서로 작성) 후견계약 등기(가정법원)
4	임의후견 감독인 선임	본인, 임의후견인, 4촌 이내의 친족, 검사, 지방자치단체의 장 등이 가정법원에 청구 임의후견 감독인 선임이 확정되면 임의후견 업무 효력 발생

출처: 한국성년후견지원본부, 교육자료 구숙경

내가 찍은 점들이 연결되어 마침내 선을 잇다

애플의 CEO였던 고(故) 스티브 잡스(Steve Jobs)는 스탠포드대학교의 졸업 축하 연설에서 'Connecting the dots(점들을 연결한다)'라는 유명한 말을 남겼다. 점과 점을 이어서 선이 만들어지듯, 개별적으로 보였던 과거의 일들이 모여 현재의 나를 만들어나간다는 의미이다. 이 글은 내가 지금이기 때문에 쓸 수 있게 된 글이다.

후견과 신탁에 대한 접근성을 단순화하여 누구든지 현금인출기를 이용하는 것처럼 쉽게 찾을 수 있는 신탁대리점이 필요하다고 생각한다. 신탁대리점 제도는 소비자인 위탁자가 마치 집 근처의 은행을 찾듯 편하게 방문하여 신탁과 관련한 상담을 받을 수 있는 신탁창구를 늘리는 것을 말한다. 내가 다음으로 찍게 될 '점'이 될 것이라는 예감이 든다.

오랫동안 PB 신탁컨설턴트로서 다양한 사례를 다루어왔고, 퇴직 후 한국후견협회의 후견인 양성과정까지 마치고 나니 은행 밖에 후견과 신탁이 필요한 사람들이 보인다. 나는 금융과 복지서비스를 양방향으로 제공하는 데에 최적화된 신탁후견컨설턴트가 되어, 그분들에게 도움을 주고 싶다.

이 글을 통해 후견과 신탁에 대해 아주 깊은 지식은 습득할 수 없더라도, 독자가 앞서 소개한 사례의 고객들과 같은 상황에서 '아, 이런 상황에 이런 방법이 있다던데!' 하고 필요한 어느 때에 후견제도를 쉽게 떠올리고 찾아볼 수 있다면 이 글을 쓴 보람이 클 것 같다.

같은 일을 그저 오래 했다고 전문가라고 생각하지는 않는다. 내게는 깊이 고민하고 경험한 시간, 현장에서 습득한 양질의 지식, 그 위에 내 소명의식이 갖추어져 있다. 앞으로 후견제도를 쉽게 알려주는 신탁후견컨설턴트전문가로서, 독자들에게 안내자의 역할을 하려고 한다.

이 글을 읽고 있는 독자들에게, 정신과 몸이 건강할 때 임의후견계약을 적극 활용하여 스스로 자신과 가족의 미래를 꼭 설계해보기를 다시 한번 당부한다.

무작정 뛰어든 공간정리 사업으로 인생을 바꾸다

1. 공간정리 사업의 시작은 청소 아르바이트
2. 삶을 바꾸는 공간정리법
3. 인생까지도 바꿔놓은 공간정리

신승희
공간치유정리전문가

신승희 / 공간치유정리전문가

◇ **학력**

　호서대학교 글로벌창업대학원 창업경영학과 재학

◇ **경력 및 이력**

　現 꽃보다언니 공간컨설팅 대표
　연간 300곳 이상 가정 및 사무실 공간컨설팅 진행
　미소 홈서비스 인터뷰 '정리를 통해 치유를 꿈꾸다!'
　서울 라이프 점프 인터뷰 '한국의 곤도 마리에가 되고 싶어요'
　EBS '가족이 맞습니다' 재능기부
　『열한 가지 찐 창업 이야기』 공동저서 출판
　샘터 9월호 기사 '내 삶을 바꿔놓은 정리정돈'
　관악 여성인력개발센터 주거공간 스타일링 서비스 면접 진행
　관악 여성인력개발센터 주거공간 스타일링 서비스 강의 진행
　직무선택교육 정리테라피 강의 진행

◇ **이메일 / SNS**

　이메일: flora7117@naver.com
　블로그: 꽃보다언니 공간컨설팅
　유튜브: 전리언Ⅰ
　인스타그램: shinflora77
　페이스북: flora7117

집필동기

'공간에 삶의 가치를 더하다!'

공간정리 일은 우리가 사는 삶과 비슷하다. 사람과 사람의 관계가 연결되어 있듯 공간정리도 집에 가보면 살아가는 삶의 모습들이 서로 연결되어 있다.

난 늘 공간 안에 함께했고, 공간을 예쁘게 꾸미는 것을 좋아했다. 정리와 청소를 하면 왠지 마음도 개운해지고 행복감이 가슴 가득 채워진다.

힘들고 공허한 마음이 들 때는 집 안에 물건들이 쌓이기 시작하기도 했다. 마음의 무게만큼 물건들의 무게도 쌓이고, 집은 엉망이 되었던 경험들….

일을 해보니 나만의 이야기가 아니라 우리들의 이야기란 걸 알게 되었다. 정리를 하면 공간도 넓어지고, 물건도 효율적으로 쓸 수가 있다. 삶의 질도 올라간다.

그런 것을 알고 있기에 공간정리가 필요한 사람들뿐만 아니라 마음이 힘든 누군가에게도 따뜻한 온기를 나눠주고 싶은 마음에 글을 쓰게 되었다.

4차 산업혁명으로 사람이 하던 많은 직업을 로봇이 대체하는 세상이다. 그런 세상 속에 공간정리 일은 사람의 손길이 닿아야 하는, 몇 안 되는 일 중 하나다. 코로나로 집에 머무는 시간이 길어지면서 주거공간에 대한 관심이 커지고 있다. 잘 정리된 공간은 정신을 건강하게 하고 마음을 평온하게 한다. 따라서 공간정리 일은 점점 수요와 가치가 올라가게 될 것이다.

새롭게 일을 시작하려는 분들과 제2의 직업으로 공간정리 일을 하고 싶은 분들에게 도움이 되었으면 하는 마음에 글을 써본다.

공간정리 사업의 시작은
청소 아르바이트

어려운 상황을 대하는 두 가지 길이 있다.

하나는 어려운 상황을 바꾸는 것, 그리고 다른 하나는 어려운 상황
을 대하는 자기 자신을 바꾸는 것이다.

- 필리스 보톰

청춘, 자신감을 잃어버리다

공간정리 사업을 창업하기 전 여러 일을 접했다. 새로운 일을 해보
고 그 안에서 나름의 꿈에 도전을 했지만 마음처럼 다 잘된 건 아니었
다. 누구나 그럴 때가 있었을 것이다. 불과 3년 전까지는 뭘 해야 할지
막막하기만 했다. 그러다 운명처럼 공간정리 일을 만났다.

공간정리 일을 시작하면서 그 안에서 꿈을 꾸고, 한 발씩 걸어가니 길이 보이고 희망이 보이기 시작했다. 내가 누구인지, 어떤 일을 해야 정말 행복할지 알게 되었고 새로운 도전 목표가 생겼다.

누구나 꽃을 피우는 화려한 20대 후반에 난 벼랑 끝에 서 있었다. 이십 대 중반, 친구들은 한창 꾸미고 연애하기 바쁜 나이에 일찍 아이 엄마가 되었다. 누구보다 열심히 살아보려고 했지만, 넉넉지 않은 살림에 예상치 않은 남편의 사업 실패로 집안은 풍비박산이 됐다.

스물여덟 살, 내게 따라붙은 세 가지 꼬리표는 이혼, 신용불량자, 빚 3,000만 원. 싱글맘으로서 네 살배기 아이와 빈털터리로 벼랑 끝 제2의 삶이 시작되었다. 녹록지 않은 현실이지만, 이를 악물고 받아들였다. 1%의 가능성이 있다면 그 힘으로 다시 일어서리라 굳게 다짐했다. 세상 무엇과도 바꿀 수 없는 소중한 아이가 있는 엄마였고, 가장이었기 때문이다.

상황을 바꿀 수 없으니 철저히 나 자신을 바꿔야 했다. 당장 돈이 땡전 한 푼 없었기에 네 살배기 아이를 시골 부모님께 맡겼다. 밤낮으로 힘들게 두 가지 일을 해서 목돈 500만 원을 모았다. 그리고 방 두 개짜리 월세방을 구해서 아이를 데리고 왔다.

아이와 함께 지낼 방을 구하고 내가 잘할 수 있는 일들을 찾았다. 그렇게 시작한 일이 머니 코치였다. 그곳에서 빨리 매니저, 지점장을 넘어 여성 CEO가 되어야겠다고 생각했다. 내 천직이라 믿을 만큼 8년을 열심히 즐기며 일을 했다. 그래서인지 남들보다 빨리 성과를 냈고, 매니저도 될 수 있었던 것 같다. 하지만 함께하는 지점장의 리더답지 못한 행동에 실망하고 고민 끝에 머니 코치를 그만두었다.

나이는 들어가고 앞으론 어떤 일을 해야 할까 고민하던 그때 머니 코치로 일하던 친구에게 네트워크 마케팅을 소개받게 되었다. 건강 관련 해독 프로그램을 소개하고 사람들을 변화시켜주는 일이다. 처음엔 부업으로 가볍게 했던 일이 점차 비중이 늘어 4년간이나 하게 됐다. 일은 좋았지만, 머니 코치 시절만큼 내게 잘 맞지는 않았다. 그래도 기회가 될 때마다 무료 건강 강의도 하면서 주어진 일에 최선을 다했다.

그 당시 수입이 부족해서 두 가지 일을 병행할 수밖에 없었다. 하지만 시간이 갈수록 생각만큼 성과가 따라주지 않으니 내가 도대체 뭘 잘하는 사람인지 알 수 없어 혼란스러웠다. 영업하면서 한번도 자신감이 떨어지지 않던 나였는데, 어느 순간부터 자괴감이 들기 시작했다. 그런 상태가 되니 미래가 두려워지기 시작했다.

주변 사람들에게 늘 열정이 넘친다는 소리를 듣던 내가 사무실에서 강의만 듣고 영업 대신 집에만 틀어박혀 지내기도 했다. 지금 생각해도 내 인생에서 제일 우울하고 힘든 시기였다.

스물여덟 살, 돈 한 푼 없이 아이만 데리고 나왔을 때도 미래가 두렵지 않던 나였는데, 사실 네트워크 마케팅 사업이 맞지 않는다는 걸 알면서도 다시 새로운 것을 찾아야 한다는 두려움 때문에 그만두지 못하고 시간을 더 끌었는지도 모르겠다.

어느새 아이는 훌쩍 커서 고3이 되었다. 더는 내 꿈을 위해 이렇게 시간을 낭비하는 건 아니다 싶었다. 수입이 전부는 아니었지만, 생각만큼 수입이 따라주지 않았다. 현실을 받아들이고 과감히 네트워크 마케팅을 그만두었다. 그후 아는 분의 소개로 부동산컨설팅 상담을 했다.

처음으로 고정급이란 걸 받게 되었고 수입도 괜찮아서 이전보다는 살림도 넉넉해졌다. 하지만 정해진 시간에 출근하고 갑갑한 사무실에 온종일 앉아서 일하는 건 적성에 맞지 않았다. 남들에게는 익숙한 월급이라는 형태의 고정급이 내게는 20년 만에 처음이었다. 적성을 떠나 당장 한 달마다 영업 실적과 성과급으로 고민하던 터라, 고정급이 주는 안정감은 떨쳐내기 어려운 만족감이었다.

계약을 하면 성과급을 받으니 생활은 안정을 찾아갔다. 하지만, '내가 정말 하고 싶은 일은 무엇일까?', '무엇을 하면 정말 행복할까?'에 대한 고민은 머리를 맴돌았다. 그때 알게 됐다. 사무실에서 정해진 패턴대로만 일하며 갇혀 지내는 건 못하는 사람이란 것을.

때마침 중소기업 자금컨설팅을 하는 지인에게서 함께 일하자는 제안을 받았다. 고정급보다는 전처럼 영업을 하겠다고 생각했다. 20년 넘게 영업으로 다져진 내겐 영업이 도전도 되고 다시 나를 자극하는 도전이 되기도 했다.

의욕적으로 시작했던 중소기업 자금컨설팅 일은 돈을 벌기는커녕 모아놨던 비상금까지 꺼내 쓰게 만들고 결국 또 고민을 하게 했다. 영업을 못 하는 편은 아니었는데, 6개월간의 결과가 실망스러웠다. 회사 또한 얼마 안 가서 문을 닫았다. 어디서부터 내 인생이 이렇게 꼬인 걸까? 누구보다 열심히 살아왔다고 자부하는데….

아이 때문에라도 돈을 벌어야 했다. 포기하고 싶을 정도로 마음이 힘들 때도 있었지만, 다시 길을 찾고 성공하자고 다짐했다. 어차피 중소기업 자금컨설팅 일이 나의 꿈은 아니었다. 지금까지는 먹고살기 위해서 일을 했지만, 앞으로는 내가 잘하는 일을 하고, 1인 기업가가 되야겠다고 생각했다.

그때가 지금으로부터 불과 3년 전쯤 이야기다.

26만 원 공간정리 창업으로 틈새 사업을 발견하다

몇 가지 일을 하면서 재테크 강의, 건강 강의, 자기계발 강의 등을 할 때면 열정과 희열을 느꼈다. 그래선지 강사라는 직업이 매력적으로 느껴졌다. 실제로 영업을 하거나 타인에게 무언가 알려주는 것 등을 할 때면 성취감도 컸다.

고민 끝에 어떤 강사가 될까 찾다가 영상편집도 재미있고, 유튜브에도 관심을 갖던 터라 유튜브 강사를 해야겠다 생각하고 유튜브 강사 자격증을 취득했다. 강의 시장에서 강의하며 점점 자신감도 붙고 재미도 있었지만, 초보 강사 수입으로는 생활비가 턱없이 부족했다. 강의가 없는 시간대나 날짜를 위해 일정을 자유롭게 조정할 수 있는 부수입 일자리를 알아보니 청소 아르바이트 자리가 있었다.

청소 아르바이트도 하고, 때로는 강의장 대여하는 곳에서 일하기도 하고, 이 일 저 일, 부동산 마케팅까지 4가지 일을 하며 정신없이 보냈다. 그래도 돈을 벌 수 있음에 감사했다. 몸으로 일을 해본 건 대학 때 아르바이트 이후 처음이었지만 생계가 급했기에 자존심 따위는 내려놓고 청소 일을 했다.

나도 사람인지라 어떤 날은 일하러 가기가 너무 싫기도 했다. '언제까지 이 일을 할 수 있을까?' 고민하니, "언니, 셀프 인테리어 좋아하니 정리가 맞을 것 같고, 청소보다 수입이 더 낫대. 그러니 정리수납 자격증을 따는건 어때?" 하며 동생이 권유하는 게 아닌가. 동생의 한마디가 내 인생의 전환점이 될 거라고는 그때는 생각하지 못했다.

정리수납 자격증 취득

당장 정리수납협회를 찾아가 자격증반에 등록했다. 한 달 동안 열심히 강의를 듣고 정리수납 자격증 2급을 취득했다. 좀 더 체계적으로 정리 일을 배우고 실습도 할 수 있는 1급을 따고 싶었으나 자격증 비용이 50만 원이 넘었다. 그때 형편으로는 부담이 큰 금액이었다.

하는 수 없이 온라인으로 9만 원을 주고 1급 자격증을 취득했다. 자격증은 땄지만 어떻게 시작할지 몰랐고, 날 찾는 사람이 없어서 바로 정리 일을 하지는 못했다. 청소 아르바이트를 틈틈이 하다 보니 집 안 곳곳에 쌓인 넘쳐나는 물건들로 '청소보다 정리를 해야 하는 집이 많구나'라고 느낀 적이 많았다.

정리수납 자격증을 땄으니 본격적으로 일을 시작해야겠다 싶어서 청소 아르바이트를 그만두고, 고객을 연결해주는 플랫폼에 등록하여 하나씩 정리 일을 받아 시작했다. 실습 경험이 없던 터라 어느 정도의 일 양인지 가늠이 안되어 일단 적은 평수의 집들을 대상으로 삼았다. '일단 부딪쳐보자'라는 심정으로 닥치는 대로 견적 넣고 연결이 되면 상담을 했다. 다행히 손이 빠른 강점으로 일하기는 수월했다.

셀프 인테리어는 내 개인적인 취미 중 하나다. 집 꾸미는 것을 좋아해서 시트지를 이용한 싱크대 리폼하기, 문 페인트 칠하기, 가구 재배치 등을 20년간 했던 경험들이 공간정리 일을 할 때 큰 도움이 되었다.

고객님 댁을 방문해서 무료 공간컨설팅을 할 때 어떻게 가구를 재배치하면 집이 좀 더 효율적이겠구나 하는 그림들이 머릿속에서 금방 쓱쓱 그려졌다. 플랫폼을 통한 일을 그렇게 한 달간 혼자 다니다가 좀더 넓은 평수의 집을 정리해보고 싶다는 생각이 들었다. 온라인에 구인정보를 올렸고 뜻을 같이하는 멤버가 생겼다. 고객들의 요청으로 단순한 정리에서 가구 재배치까지 하다 보니, 힘을 써주기도 할 남자가 필요했다. 그렇게 지인 남동생 한 명까지 넷이서 팀을 이뤄 두 달간 정리 일을 즐겁게 다녔다.

그러던 어느 날, 28평 아파트에 엄마와 딸 둘이 사는, 옷이 많은 고객 댁에서 의뢰가 왔다. 감사한 마음에 이제 막 자격증을 따고 일하러 나온 신참 선생님들과 넷이서 함께 밤 9시까지 쉬지도 못하고 일을 했다.

내가 겪었듯 초보 시절에는 열정은 넘치지만 아무래도 노하우가 부족한 게 사실이다. 신참 분들과의 작업이라 시간은 점점 늦어지고 나라도 빨리 일을 해야겠다는 생각에 내 일에 집중하다 보니 어떻게 정리를 하는지 살피지 못했다. 아니나 다를까 다음 날 클레임이 들어왔다. 옷이 용도별로 제대로 분류가 안 되었다는 이유였다. 이 일로 절실히 느꼈다. 인건비가 좀 더 나가더라도 제대로 일할 수 있는 경력자를 뽑아야겠다고 말이다.

마침 코로나로 '1인 미디어 크리에이터 되기' 유튜브 강의도 점점 줄어들더니 강의조차 할 수 없는 상황이 되었다.

마음을 함께할 사람들이 모여들다

개인 블로그에 '공간정리 자격증을 가진, 함께 일할 마음 따뜻하고 성실한 공간치유정리 전문가를 모십니다'라는 모집 글을 올렸다. 그렇게 경력자 전문가들이 한 명, 두 명 모이기 시작했다. 본격적으로 공간정리를 사업으로 해야겠다고 마음먹은 것도 그때였다.

창업 비용은 정리수납 2급 자격증비 17만 원과 1급 자격증비 9만 원. 남들은 무모하다고 생각할 수도 있겠지만 그렇게 26만 원으로 '꽃보다언니 공간컨설팅' 사업이 시작되었다.

같이 일하는 사람들이 늘어나니 주 2회를 4회로 늘려야겠다고 마음먹고 뛰었다. 경력 8년이 넘은 정리 업계 선배이자 베테랑도 합류했다. 얼마나 반갑고 기쁘던지…. 한편으로는 일을 더 잡아야겠다는 부담감도 들었다.

그렇게 시작된 인연이, 인원이 부족해서 일주일에 13시간씩 두 번 일하면서 고객 댁을 함께 뛰어다녔다. 꾸준히 하다 보니 어느덧 2년이 되었다. 블로그를 보고 한 분, 두 분 초보 정리 전문가들까지 모여들기 시작하면서 우리는 하나의 팀이 되었다. 그래서 그때 지은 팀 이름이 '꽃벤져스'다. 마블의 슈퍼히어로 영화인 '어벤져스'에서 아이디어를 따왔고, 어벤져스처럼 다양한 성격과 경력을 가진 정리 전문가가 모여서 하나의 팀이 되고, 그렇게 우리는 가족이 되었다.

정리 전문가들을 대할 때 나는 '커다란 거인'이라고 생각한다. 그래서 더욱 존중하고 감사하는 마음을 늘 잊지 않으려 한다. 일이 끝나면 항상 함께 밥을 먹으면서 그날 정리했던 일들을 이야기하고, 개선점과 보완점도 나눴다. 함께 얘기하다 보면 힘들었던 것들은 툴툴 털어내기도 하면서, 서로가 서로를 알아가면서 그렇게 우리는 하나가 되어갔다.

2

삶을 바꾸는
공간정리법

×◇×

사람은 자신이 가능하다고 믿는 만큼의 일을 할 수 있다.

- 페르길리우스

집보다 사람이 먼저인 정리

정리를 의뢰하는 고객님들에게는 정말 다양한 사연들이 있다. 단순히 집 안 정리가 안되어 정리를 요청하는 경우가 제일 많다. 이사 후 정리를 요청하는 경우만 있는 것이 아니다. 고객님이 혼자 열심히 해보다 생각만큼 정리가 안되고 더 복잡해져서 정리 의뢰를 하는 경우도 있다.

"마음도 복잡한데 정리가 안되니 정신이 더 심란해요. 어질러진 집

안도 정리하고 제 삶을 더 잘 살고 싶어요"

"아이가 태어나니 살림도 늘어나고 공간은 부족하니 정리가 더 안되네요."

공간정리를 하고 난 모습을 보고 좀 더 나은 삶을 살고 싶다며 정리를 의뢰하는 고객도 있다.

"이혼 후 딸아이가 집에 들어왔어요. 마음이 안 좋으니 자꾸 먹기만 하고 살도 찌고 정리도 안되네요."

"아내와 아이들이 유학차 해외에 나갔어요. 그래서 혼자 지내다 보니 집안이 지저분해지고, 물건이 쌓이고 정리가 안되네요."

이처럼 정리를 하러 가면 고객님들의 삶의 이야기가 있고 그 속에 사람이 있다. 같은 평수의 집이라도 직업이나 삶의 방식에 따라 정리하고 사는 모습도 달라진다. 가족들이 집을 어떻게 쓰고 있고, 어떤 일을 하고, 어떤 것을 먹으며, 어떤 생각으로 사는지 간접적으로 알게 된다. 그래서 사람이 너무 중요하다. 그런 삶의 이야기들을 반영해서 공간정리와 가구 재배치를 한다.

잘 버리는 것이 정리의 시작이다

공간정리를 한다면 처음에 무엇부터 해야 할까? 모든 옷과 물건들을 꺼내서 버릴 것과 쓸 것, 보관할 것으로 구분하는 것이다. 그럴 때 고객들의 반응을 보면 재미있다.

"와! 우리 집에 이렇게 물건이 많았나요?"

"이런 물건도 있었나요?"

"그렇게 찾으려고 했는데도 못 찾던 게 여기 있었네요."

그럼 내가 이렇게 얘기한다. "하하핫, 그렇죠? 다들 그렇게 말씀하세요."

어디서 이렇게 많은 물건이 집안 곳곳에 숨어 있던 것일까? 보물찾기하듯 방과 베란다, 수납공간 등에서 물건들을 꺼내면 걸어다닐 틈이 없는 집도 있다. 이때부터 고객들은 바빠진다. 각 방에 팀별 배치가 돼서 꺼내놓은 물건들과 옷들을 모아놓고 비우는 작업을 시작한다.

한동안 입지 않던 옷과 쓰지 않던 물건을 과감히 버리거나 나눔을 하거나 혹은 중고거래 같은 곳에 옷과 물건을 판다. 지금은 안 쓰는 옷과 책들은 '아름다운 가게'에 기부를 하기도 한다. 물건의 상태에 따라 팔거나 나눔 또는 기부를 하니 고객들과 우리 모두가 더 뿌듯함을 느낀다. 이 일을 하는 매력 중에 하나라고 할 수 있다.

그렇게 분류, 정리를 하면 그때부터 집안에 공간이 생기기 시작한다. 어떨 때는 진짜 묵은 짐들이 가득 차서 아침 9시부터 오후 5시까지 버린 적도 있다. 버릴 가구와 옷, 물건들이 넘쳐나면 가끔은 폐기물 차를 불러서 버리기도 한다. 불필요하고 쓰지 않는 옷과 물건들을 잘 버리는 것이 정리의 시작이다. 잘만 버려도 공간도 넓어지고, 마음도 한결 가벼워진다.

끼리끼리 정리와 세로 수납법

모든 옷과 물건을 쓸 것과 보관할 것으로 구분된 후엔 드디어 같은 물건끼리 다시 모은다. 고객님들께 '끼리끼리' 정리법을 알려드린다. 비슷한 친구들끼리 모이듯, 같은 물건끼리 모아야 찾기 쉽고 쓰기 쉬워진다.

옷의 경우도 누가 입느냐에 따라 용도별, 계절별로 구분한 뒤 자리지정을 하고 정리를 한다. 옷을 수납할 때는 옷장에 세로로 수납을 하면 찾기도 쉽고 꺼내기도 쉽다. 대부분의 고객들은 옷을 개어서 쌓는 방식으로 옷을 정리하는데, 옷을 쌓는 방식은 옷을 꺼내기가 어려울 뿐만 아니라 옷이 더 쌓이게 되면 흐트러지고 무너진다. 그럴 땐 과감히 5단 옷장을 추천해드린다. 그러면 훨씬 더 많은 옷을 넣을 수 있고, 효율적으로 편하게 옷을 꺼내 입을 수 있다.

공간이 다시 태어나는 공간정리와 가구 재배치

공간정리도 많이 하지만 우리 회사는 공간정리와 더불어 가구 재배치도 중점적으로 한다. 가구 재배치를 하는 경우는 정리만 할 때보다 1시간에서 많게는 3시간 정도 추가 시간이 소요된다. 하지만, 가구 재배치를 하면 공간 활용도도 높아지고 공간도 넓어진다. 많은 고객들이 집에 다시 이사온 것 같은 기분이 든다고 말씀을 하신다.

인테리어를 하려면 최소 천만 원은 기본이다. 많게는 1억이 넘게 들기도 한다. 공간정리와 가구 재배치를 통해 다용도실을 아이 방으로 만들기도 하고, 아이 방을 서재 방과 바꾸면 인테리어 그 이상의 효과를 얻을 수 있다.

공간정리와 가구 재배치로 감동받고 너무 행복해했던 고객의 일화를 잠깐 소개하려 한다.

"아이 셋을 키우는 워킹맘입니다. 아이가 셋이고, 일까지 하다 보니 집안이 엉망이예요. 어머니가 아이들을 봐주고 계시지만 옷도 여기저기 있어서 힘들어하시고, 방 하나가 있는데 완전히 잡동사니로 가득차 있는데 이제 초등학교 다니는 아이와 공부할 수 있는 방을 만들고 싶어요. 그런데 어떻게 해야 할지 모르겠어요."

고객과 통화를 하고 견적 보러 찾아가니, 정말 전체적으로 산만하고 물건들이 넘쳐나 있었다. 대부분 아이 옷, 아이 책, 아이 물건이 많았다. 안방, 아이들 방, 다용도실도 살펴보니 옷들이 쌓여 있고, 진짜 방 하나는 물건으로 가득 차서 방으로 들어갈 수가 없었다. 옷, 서류, 각종 물건들로 가득 찼던 방….

"이런 방이 정리가 가능할까요? 방 안에 책상이 있는데, 첫째 아이를 거기서 같이 공부할 수 있게 해주고 싶어요."

안방은 아이들과 자는 방, 다른 방은 아이들의 책과 장난감 방, 그리고 물건으로 가득 찼던 방…. 아이들 방도 아이들 물건으로 가득 차서 아이가 잘 들어갈 수가 없을 정도였다. 공간을 다시 보고, 가구 재배치 제안을 했다. 베란다도 확장형이라 공간이 없던 상태였기에, 발디딜 틈 없는 다용도실 방은 정리가 절실했다.

다행히 다용도실에 쌓여 있는 물건들 중 버릴 것도 많다고 했기에, 방 안 가구들을 조금씩 이동했고 들어가는 거실 복도를 막고 있는 커다란 책장을 다용도실로 이동하기로 했다. 여기저기 쌓여 있는 옷과 작은 옷장 가득했던 옷들이 많아서 아이들 옷을 넉넉히 수납할 수 있게 가로 1,200㎜, 폭이 500㎜인 5단 옷장을 제안해드렸다. 그리고 다용도실에 넘쳐나는 물건들을 수납할 조립 선반을 추천했다. 아이들 5단 옷장이 다행히 다용도실에 들어갈 수가 있어서 아이 방과 거실, 안방에 쌓인 세 아이들의 옷들을 넉넉히 수납할 수가 있었다. 정리하던 날 고객도 분주하게 작아진 옷, 안 입는 옷, 물건 등을 과감히 버려주셨다. 모든 정리가 끝난 후 아이 방이 다시 아이 방이 되고, 다용도실에 큰아이가 공부할 수 있는 자리가 만들어졌다.

자리가 정리되고 공간이 나오니, 아이들 방에 큰아이가 들어가서 책을 읽는 모습을 보고 너무 좋아하시면서 사진까지 찍어서 보내주셨다.

온통 물건으로 가득 차 있던 방에는 물건이 너무 많아서 처음에는 들어갈 수조차 없었다. 이 방에는 그동안 쓰지 않았던 물건들과 써야할 물건들이 섞여 있었다. 다용도실 겸 아이와 공부할 수 있는 방으로 만들어야 했기에, 한쪽 벽면에 있던 수납장은 안쪽으로 이동 후 5단 옷장을 넣어서 아이들의 옷을 넣어주었다.

다용도실로 쓰던 방을 아이와 함께하는 공부방으로 만든 정리 전후 모습

아이 방 정리 전후 모습

아이 물품과 아이들 옷, 생활용품으로 가득 차서 아이들이 제대로 놀지를 못했던 방이다. 아이들 책, 장난감, 아이 학용품 등으로만 이 방을 다시 정리해주었더니 아이들이 책도 읽고 너무 행복해했다.

"진짜 이렇게 정리가 되네요. 너무 놀라워요. 아이들이 더 좋아하니 기분이 좋네요. 처음부터 이렇게 쌓인 건 아니었는데, 어느 날부턴가 하나둘 물건이 쌓이다 보니 이 정도까지 됐어요. 점점 물건이 쌓이는데 어떻게 해야 할지, 뭐부터 해야 할지 모르겠더라고요. 그런데 이렇게 정리해주셔서 정말 진심으로 감사드립니다."

공간정리를 통해 아이들이 다시 예쁜 환경에서 좋아하는 책도 보고, 장난감도 가지고 놀 수 있게 되어 너무 뿌듯했다. 정리를 통해 정리뿐만 아니라 고객들의 마음 또한 행복하게 만들어드리고 있는 것 같아서 감사하다. 그것이 공간정리 일을 할 수 있는 이유인 것 같다.

3

인생까지도 바꿔놓은
공간정리

〈◇×◇〉

정리는 지금의 나를 돌보는 일이다.

- 정희숙

1인 기업가에서 진정한 기업가를 꿈꾸며

창업 후 정신없이 일만 하면서 달려온 지 8개월 되었을 때였다. 정리수납 자격증을 따고 고객 플랫폼을 통해서 일을 꾸준히 하고는 있었지만, '앞으로 사업을 어떻게 해야 할까?' 하는 생각들이 머릿속을 떠나지 않았다. 처음부터 창업컨설팅을 받고 시작한 것도 아니었고, 누군가의 도움 없이 영업 20년의 경력과 셀프 인테리어 22년 경험으로 무대포로 무작정 뛰어들었던 공간정리 일이었다.

하지만, '언제까지 이렇게 계속 영업을 해야 하나?'라는 생각이 들면서 사업 시스템을 만들고 회사를 더 탄탄하게 키워야겠다고 결심했다. 어떤 기업이든 처음부터 커지지는 않고, 하나하나 과정을 밟고 부족한 부분을 채워가면서 지금의 큰 기업이 되었다. 나도 그런 기업가가 되고 싶어졌다.

그 당시 10명 가까이 프리랜서 공간정리 전문가도 있었지만, 다른 곳에 가서 일을 하지 않으시고 나와 일을 하다 보니 책임감 또한 강하게 가지고 있던 때였다. 창업 후 1년간의 루틴은 고객 댁 가서 같이 정리하고, 끝나고 같이 밥 먹으면서 그날 했던 일에 대해 얘기를 나누고, 쉬는 날은 고객들과 견적 상담 전화하고, 견적 보러 가고, 블로그에 정리 전후 사진 올리는 것이 일과였다. 그렇게 일만 하면서 보냈지만 몇 년 만에 정말 '몰입'이 주는 행복감은 정말 내 열정을 배로 끌어올려주었다.

그러면서도 계속 머릿속에 있는 생각은 '사업 시스템' 만들기였다. 그리고 나만의 퍼스널브랜딩을 어떻게 해야 할까 하는 고민들로 이어졌다. 차후 사업을 더 키우기 위해 사업 방향성 등에 대해 도움을 받고 싶은데 어디서 도움을 받아야 할지 고민하던 중 떠오르는 한 사람이 있었다. 바로 호서대 글로벌창업대학원 박남규 교수님이셨다. 2020년에 입학을 하려고 2019년에 6개월간 청강을 다녔으나 경제적인 여건이 좋지 않아 결국 대학원 입학을 못 했다. 그때 얼마나 속상했던지 눈물까지 났다.

남들은 한 직장에서 꾸준하게 잘 다니고 있는데, 나만 40대 중반이 된 시점에서 아직도 내 일을 못 찾고 있다는 생각에 우울하기도 한 때였다. 그때 지인께 박남규 교수님을 소개받았다. 교수님이셨지만 45년 인생에 나만 이렇게 아직까지 헤매고 있다고 말하니 같이 공감해주고, "나도 그랬던 사람이다. 그런데 지금은 교수가 되었다"라고 말해주면서 희망을 주었던 분이다.

2020년에 대학원 입학은 못 했지만, 몇 달 만에 반가운 마음으로 전화를 드렸고, 공간정리 일로 지금 열심히 사업을 하고 있고 잘되고 있다고 말씀드리고 다시 대학원에 입학하고 싶다는 포부를 말씀드렸다.

그렇게 지금 호서대 글로벌창업대학원에 다니고 있고 벌써 1년을 보냈다. 교수님께서는 교수님이시자 인생의 멘토가 되어주고 계신다. 대학원에서 사업계획서, 논문 쓰기, 책 쓰기, 퍼스널브랜딩 등을 배우면서 다시 사업을 키우고, 퍼스널브랜딩을 정립하고 만들어가고 있다.

공간에 삶의 가치를 더하다

단순히 '사업'을 하는 것이 아니라 제대로 '일'을 하고 싶다. 공간정리를 통해 사람들의 삶의 질도 높여주고, 좋은 에너지도 주고, 행복도 주고 싶다. 그래서 난 아직도 '…ing'다. 아직은 일하시는 공간정리 전문가들이 일당으로 돈을 받고 있지만, 사업 시스템을 구축하고 1인 기업가로 만들어드리고 싶다.

2년이란 시간 동안 대학원에서 사업과 창업, 퍼스널브랜딩을 만들고 마케팅도 고민하고 있다. 감사하게도 2년 동안 인터뷰도 하고 기사도 나가게 되어 '꽃보다언니 공간컨설팅'을 알릴 수 있는 감사하고도 좋은 기회가 되었다. 미소 홈서비스, 서울경제 라이프점프, 관악 여성인력개발센터, 샘터에서 인터뷰도 하고 기사도 써주셨다.

좋은 기회가 되어 EBS의 '가족이 맞습니다'라는 프로그램에 재능기부로 정리도 했다. SNS 블로그, 페이스북, 인스타그램, 티스토리, 카카오스토리에도 정리 이야기들을 올리고 있다. 작년부터는 유튜브 '정리언니' 채널을 오픈해서 일주일에 하나씩 정리 영상을 업데이트하고 있다. 구독자도 꾸준히 늘어나고 있어서 지금은 3,600명이 넘었다. SNS는 우리 '꽃보다언니 공간컨설팅'을 알릴 수 있는 아주 훌륭한 마케팅 도구이다.

사업을 한다는 건 지속하는 '꾸준함'이 정말 필요한 일이다. 일을 그냥 하고 싶지는 않고, 제대로 하고 싶다. 아직은 꽃보다언니 공간컨설팅이 많이 알려지지 않았기에, 계속 한 발씩 앞으로 걸어나간다.

공간정리를 하는 우리를 알리고 싶어서 브랜드 스토리도 만들었고, 고객들과 간단히 상담도 하고 회사를 알릴 수 있는 랜딩 페이지도 만들었다. 네이버 플레이스도 등록했다. 작년 12월엔 '꽃보다언니 공간컨설팅' 상표등록도 했다.

올해 4월엔 3년 전 청소 교육을 받게 되면서 인연이 된, 관악 여성인력개발센터에서 주관하는 '주거환경 스타일링 서비스' 사업에 참여한 공간정리 선생님들 면접도 보았다. 그리고 2년간 '성장스토리'와 '현장

실무 경험 사례' 강의를 3시간 동안 진행했고, 열정 강의였다고 칭찬도 받았다. 6월엔 줌(Zoom)으로 정리 강의도 제안받았다. 정리 관련 강의를 하고 싶었기에 이런 기회가 오면 놓치지 않고 도전해보려 한다.

우리 꽃보다언니 공간컨설팅의 색은 보라색이다. 고객 댁에 갈 때 다 같이 보라색 앞치마를 입고 일을 한다. 보라색은 창의력과 우아함을 담고 있기에 우리 일을 상징하는 느낌도 들어서 보라색을 선택했다. 정리는 정말이지 창의적인 일이다. 신기하게도 같은 평수라도 똑같이 사는 고객은 한 명도 없다. 올해는 지난번 전략회의 때 보라색 티셔츠로 바꿔달라는 제안을 받았고, 앞치마가 아닌 보라색 티셔츠와 명찰을 달자고 해서 올해는 변화를 줄 예정이다.

제2의 직업이 될 수 있는 공간치유정리 전문가

혼자 시작했던 일이었지만 지금은 약 20명의 공간정리 전문가들과 함께 일을 하고 있다. 그리고 '꽃벤져스'라고 이름을 지었다. 고객님들께 말씀드리면 재밌다고 즐거워하신다. 어벤져스처럼 우린 다양한 색깔들로 모여서 함께 정리를 하고, 고객들께 행복을 주고 있다. 직장을 다니다가 공간정리로 제2의 인생을 사는 사람도 있고, 정말 정리를 좋아해서 공간정리 일을 하러 나오신 분도 있다. 정리수납 자격증을 1급까지 따신 분들로 구성되어 있다.

정리수납협회 등에서 자격증을 따면 프리랜서로 일을 할 수 있다. 여성이 할 수 있는 일이고, 정리를 좋아하는 사람이라면 누구나 다 할 수 있는 일이다. 정리의 기본 방법은 있지만, 정리는 센스와 감각이 필요한 일이다. 또한 디테일해야 하는 일이기도 하다. 그래서인지 정리 일을 많이 하면 할수록 센스와 감각이 늘어난다.

어떤 일을 시작할 때는 '내가 할 수 있을까?' 하는 생각을 한번씩 한다. 하지만 공간정리 일은 단순한 일이 아니고 전문직이기에 시간과 경험이 쌓일수록 내 몸값은 점점 올라간다. 내 가치는 내가 만드는 것이다. 또한 공간정리 일은 사람의 손으로 하는 일이고, 누구나 정리를 필요로 하기에 미래가치가 있다. 그래서 매력적이고 해볼 만한 일이다.

꽃벤져스 공간치유정리 전문가들과 찬란한 미래를 꿈꾸며

하루하루가 정말 소중하다. 귀한 하루하루, 코로나로 힘든 시기에 꽃벤져스 정리 전문가 분들과 일을 할 수 있다는 건 정말 감사한 일이다. 코로나 시기 때부터 집에 있는 시간들이 많이 늘면서 정리에 대한 수요가 더 생겼고, 정리를 더 하기 시작했다. 가끔씩 10시간 넘게 일을 하면 다들 녹초가 될 때가 있다. 그래도 우리는 감사하게 생각한다. 일을 할 수 있음에 감사하고, 건강함에 감사하고, 함께하기에 감사하다. 혼자가 아니라 함께이기에 우리는 서로 힘을 내고 즐겁게 일을 할 수 있다. 혼자 돋보이기보다 함께 팀웍을 발휘해 고객 댁을 깔끔하게 정리해드리면 행복하고 뿌듯하다.

꽃벤져스들에게 항상 하는 말은, 고객들께 정리뿐만 아니라 좋은 에너지를 주러 간다는 것이다. 공간정리를 하고 가구 재배치를 하다 보면 기본 8시간 이상이 걸린다. 짧은 시간이 아니기에 정리를 하면서 즐거운 분위기로 일하고, 즐거운 마음으로 일하면 그 마음이 고객에게 전달된다고 믿는다. 실제로 고객들께 무료 방문 공간컨설팅을 해드리러 가면 좋은 에너지가 느껴져서 정리를 하신다는 분도 있다. 좋은 에너지는 전달되고, 그렇게 만나 작년 한 해 동안 정리해드린 고객 댁이 305집이나 된다. 정말 전체 집 정리, 사무실 정리부터 옷 정리, 주방 정리, 아이 방 정리 등 부분 정리까지 정말 부지런히 다녔던 것 같다.

아직은 사업을 키우고 만들어가는 과정에 부족한 게 많겠지만, 함께해주는 꽃벤져스들이 항상 옆에 계셔서 힘을 내고 앞으로 나아갈 수 있다. '공간에 삶의 가치를 더하다'라는 비전을 가지고 우리는 함께 꿈을 꾸고 성장한다.

공간에는 사람이 있고 물건이 있다. 또한 각자의 삶의 이야기가 있다. 그 공간에 사는 사람이 행복했으면 좋겠고, 물건이 아닌 사람의 온기가 느껴지는 공간으로 따뜻하고 가치 있고 행복한 공간이었으면 좋겠다. 예전부터 집에 대해 '집은 아늑하고 따뜻해야 한다'라고 생각했고, 우리 꽃보다언니 공간컨설팅을 만나는 고객들이 그런 집에서 살길 바라는 마음이다.

혼자가 아니라 함께 가면 멀리 갈 수 있고, 즐겁게 갈 수 있다. 그래서 오늘도 한 발짝씩 힘차게 걸어나간다. 우리 꽃벤져스의 찬란한 미래를 위해, 또한 우리를 기다리고 있을 고객들의 찬란한 미래를 위해!

시골로
시집왔습니다

1. 도시 처녀, 시골로 시집가다

2. 시골에서 돈 벌기

3. 목표가 바뀌었어요

4. 농사도 돈이 될 수 있다

김성윤

팜마케터

김성윤 / 팜마케터

◇ 학력

호서대학교 글로벌창업대학원 창업경영학과 재학

동덕여자대학교 건강관리학과 학사

◇ 경력 및 이력

現 농업회사법인 ㈜가시버시 대표

現 괴산군 농산물 가공협동조합 이사

SNS와 다수 온라인 채널을 통한 농산물 판매

농식품기업경영관리사

한국농수산식품유통공사 사장상

aT 농산물 CEO MBA 과정 수료

前 수학학원 운영

◇ 이메일 / SNS

haha7451@naver.com

블로그: 가시버시농원

인스타그램: 가시버시농원(@gasibusifarm)

쇼핑몰: 연풍댁의 먹거리

집필동기

농부와의 결혼으로 자연스레 시골에 살게 되었지만, 서울 토박이로서 시골에 적응해 살아나가는 것이 쉽지는 않았다. 좌충우돌하며 농작물 재배에서 유통까지 다양한 경험을 하다 보니 결혼 10년이 되어 나의 자리를 잡기 시작하였다.

시골에서의 삶을 꿈꾸는 분들이 도시와 농촌의 문화적 차이를 이해하도록 돕는 한편, 지역민들과 함께 농업을 통한 경제적 가치를 만들어가는 과정을 나누고자 한다.

"희망은 잠자고 있지 않는 인간의 꿈이다.
인간에게 꿈이 있는 한 이 세상은 도전해볼 만하다.
어떠한 일이 있더라도 꿈을 잃지 마라.
꿈은 희망을 버리지 않는 사람에게 선물로 주어진다."

– 아리스토텔레스

1

도시 처녀,
시골로 시집가다

성공해서 만족하는 것이 아니다. 만족하고 있기 때문에 성공한 것이다.

- 알랭

시골 남자와 서울 여자의 연애

2012년, 시골 노총각과 도시 노처녀의 늦은 결혼으로 괴산 연풍이라는 작은 동네가 떠들썩했다. 결혼식 당일 신랑 쪽 하객이 너무 많아 일가친척들은 식사를 못 하실 정도였다니 시골 노총각의 결혼이 동네의 큰 관심사였던 것 같다. 신발에 흙도 묻혀보지 않고 하이힐만 신고 다니던 도시 노처녀는 시골이 어떤 곳인지, 농부 아내의 삶이 어떠할지도 모른 채 겁 없이 시골살이를 시작했다. 서울에서 태어나 공부를 마치고, 한번도 서울과 경기도 밖을 벗어나 살아본 적 없던 나에게 시골에서 산다는 것은 꿈에도 생각해보지 않은 일이다.

2011년 봄, 시골 농부를 만나보라는 지인의 소개가 있었다. 그분의 말씀인즉, 시골에 살고 있으나 의식이 깨어 있는 사람이라는 설명이었다. 소개해준 지인이 거절하기 어려운 분이셨으므로 몇 번의 사양을 거쳐, 그해 가을에 지금의 남편을 만나게 되었다. 지인은 초등학교 졸업 학력으로 사회생활을 시작해서 K대 대학원 석사를 마치신 분이었기에 의식이 깨어 있다는 설명에 호기심이 생기기도 했다. 후에 알게된 사실은, 남편도 거절하기 어려운 상대라 여러 번의 거절 끝에 나오게 된 자리라고 했다. 두 사람 다 나이가 많기에 부담 갖지 말고, 가끔 통화나 하는 친구가 되자는 남편의 제안으로 시골 남자와 서울 여자의 연애가 시작되었다.

연풍에 살다

결혼 후에도 주말부부로 지내려 했지만 얼마 못 가서 도시에서 운영하던 학원을 정리하고 남편과 함께 있기 위해 연풍으로 내려왔다. 도시 사람이 상상하는 시골은 평화롭고 넉넉한 모습이다. 여행하면서 차창 밖으로 보이는 농촌 풍경은 늘 평화롭고 한가로웠다. 나 역시 그러한 생각을 했다.

농촌에서 농부로 살아가는 삶은 차창 밖의 삶이 아니다. 농촌의 시계는 자연에 맞춰져 있다. 들에서의 일은 해가 뜨면 출근하고 해가 지면 퇴근하지만, 퇴근 이후에도 해야 할 일들은 많다. '농작물은 농부의 발자국 소리를 들으며 자란다'라는 말이 있다. 농부가 그만큼 부지런히 정성 들여 가꾸어야 농작물이 잘 자란다는 말일 것이다. 도시의 주 52시간 근무라는 단어는 농촌에서는 먼 나라 이야기일 뿐이다. 시골로 내려와 농사를 짓고자 한다면 부지런함은 필수이다. 자연은 게으름을 기다려주지 않는다.

서울 새댁, 연풍 새댁이 되어가다

결혼 후 한 달쯤 지나 읍내의 마트에 갈 일이 있었다. 아직 주말부부로 지내던 때라 연풍에는 아는 사람이 거의 없었다. 마트에 가니 처음 보는 분이 마치 오랜 지인인 양, 아무렇지 않게 나의 일상을 묻고 반갑게 인사를 했다. 순간 처음 보는 사람의 호의에 몹시 당황했다. 온 동네 사람들이 내가 누구인지 알고 있지만 나는 상대방이 누구인지 모른다는 것이 당혹스럽기까지 했다. 이후에도 반복되는 그런 상황이 불편해서 문밖 외출을 꺼렸다. 도시에서 시골에 내려온 사람들이 가장 힘들게 생각하는 부분이 이웃들의 과도한 관심이라고 한다. 간혹 이른 새벽 현관문을 두드리고 오시는 어르신들도 있다. 시골의

하루는 해가 뜨면 시작하는 것이므로 시간이 중요하지 않은 것이다. "새댁, 어디 가?" 나를 보면 동네 어머니들이 늘 하시는 말씀이다. 처음에는 참견하시는 것이라고 생각해서 불편했다. 하지만 한여름에 외출했다 돌아오면 현관문 앞에 수북이 쌓여 있는 오이, 상추, 가을무, 대파, 고추 등이 나를 기다리고 있었다. 누가 두고 갔는지는 모르지만 서울 새댁에게 주고 간 것임은 확실하다. 이러한 먹을거리는 그냥 주어지는 것이 아니다. 어머니들의 힘든 노동의 대가로 얻는 먹거리이니, 먹거리를 나눈다는 것은 친밀함과 관심의 표현이다.

이제는 그러한 질문들이 불편하지 않다. 나에 대한 따뜻한 관심이라는 것을 이제는 안다. 연풍에서는 늘 인사를 한다. 도시에서는 엘리베이터 안에서도 눈인사를 잘 안 하게 되는데, 여기서는 차 안에서도 창문을 내리고 일부러 인사를 한다. 읍내 마트에서 동네 어머니들을 보면 집에 돌아가는 차편을 여쭈어보고 직접 모셔다 드리기도 한다. 깐깐한 도시 처녀는 연풍 새댁이 되어가고 있었다.

시골에서
돈 벌기

해야 할 것을 하라.

모든 것은 타인의 행복을 위해서, 동시에 특히 나의 행복을 위해서이다.

- 톨스토이

농사의 현실, 돈이 안 된다

2015년 가을, 남편을 따라 도매시장에 가게 되었다. 차에 가득 실린 사과는 100상자가 넘었다. 이른 새벽 어둠 속에 도착한 도매시장에 물건을 내려두고 오후에 받은 입금 금액은 70만 원 남짓이었다. 추석 전에는 한 상자에 10만 원이 넘던 사과가, 추석 이후에는 7,000원 정도로 가격이 뚝 떨어진 것이다.

추석 전에 내보내려 했지만, 도매시장에 사과 물량이 너무 많아서 경매 순번을 기다리다 추석 이후 도매시장에 내보낸 것이 원인이었다. 60여 개의 사과를 고작 7,000원에 팔다니…. 그동안의 고생이 허무하게 느껴졌다. 그때 노동의 대가를 헐값으로 돌려주는 판매처에는 절대 물건을 팔지 않겠다고 결심했다.

저희 신랑이 키운 사과 사세요

2014년, 장사는 해본 적 없고 농사는 더더욱 지어본 적 없는 내가 온라인 맘스카페에 복숭아 사진 몇 장과 판매 공지 글을 올리자 신기하게도 주문이 들어왔다. 이때는 주말부부로 지내던 때였다. 일요일 이른 아침 남편과 밭으로 나가 주문받은 사과와 복숭아를 따서 직접 포장하고 일요일 늦은 오후 괴산을 출발하여 분당, 하남, 남양주에 이르기까지 아파트 입구부터 주택가 골목 구석구석 고객과 직접 만나 상품을 배달하였다. 그렇게 하루를 보내고 친정집으로 들어가면 밤 12시를 훌쩍 넘기는 날이 많았다. 일과를 마무리하고 받은 돈을 정리하면 큰돈은 아니었지만 참으로 신기하고 뿌듯했다.

고객들에게 농산물을 판매하고는 있었지만, 연풍댁도 도시 사람이라 농산물에 대해 아는 것이 없었다. 하나씩 실수하고 경험해가며 배우기 시작했다. 처음으로 아오리 사과를 배송하고 친정집으로 돌아왔는데 고객으로부터 문자가 왔다. 아오리 사과는 초록색인데 붉은색이 보이는 사과가 있어 불편하다는 항의였다. 나 역시 아오리 사과는 초록 사과라고 생각했던 터라 남편에게 급히 전화했으나 늦은 밤이라 잠이 들어 전화를 받지 않았다. 급한 마음에 고객에게 사과하고 돈은 환불해드렸다. 받은 사과는 드시라고 했다.

다음 날 남편이 말하길, 과일은 다른 농가들보다 도매시장에 일찍 출하해야 좋은 값을 받을 수 있으므로 초록색일 때 아오리 사과를 출하하는 것이라고 했다. 아오리 사과가 가장 맛있게 익었을 때는 완전한 초록색이 아니라 붉은색이 조금씩 보일 때라는 것이다. 상품을 돌려받지도 않고 환불한 것이 억울했지만 이미 지난 일이었다.

좌충우돌 장사꾼이 되어가다

비가 오던 어느 날 달콤한 황도를 고객에게 보낸 후, 돌아선 지 2시간도 안되어 항의 전화가 왔다. 곰팡이가 검게 올라왔다는 것이다. 아침에 수확할 때는 멀쩡했는데 비가 오니 습도가 높아 곰팡이가 금방 올라온 것이었다. 그 이후로는 비 오는 날의 복숭아 배송에는 신중을 기하게 되었다.

말랑이 복숭아에 대한 고객의 가장 큰 불만은 꼭지가 없다는 것이었다. 꼭지가 없으니 신선하지 않다는 것이었다. 아침에 수확한 복숭아가 꼭지가 없다는 이유로 신선하지 않다니 당황스러웠다. 복숭아는 수확할 때도 과육이 부드러우므로 잘 익은 상태에서 수확하면 꼭지가 따라오지 않는다. 시중에 유통되는 복숭아는 덜 익어 단단할 때 수확하여 유통 중 익혀 판매하는 것이므로 꼭지가 있었던 것이다.

그 이후로도 다양한 사건, 사고가 많았지만 판매는 꾸준히 증가했다. 처음에는 한두 상자를 괴산에서 남양주, 하남 지역까지 직접 배달하던 것이 다음 해가 되자 50~60 상자가 되고, 3년이 지나자 택배로만 보내기에 이르렀다. 내가 온라인 판매를 하면서 지금까지 잘했다고 생각하는 것은 지인 판매를 하지 않았다는 것이다. 지인 판매는 처음에는 도움이 되겠지만, 더 이상 성장하기 어렵다. 고객의 솔직한 이야기를 들을 수 없기 때문이다.

내가 판매를 하면서 지키고자 하는 것은 고객의 말을 100% 신뢰하려고 한다는 것이다. 생물이니 택배로 보내다 보면 포장 당시에는 문제가 없겠지만 수령 후 고객이 불편을 느끼는 상품이 간혹 있다. 물론 어떤 경우에는 블랙 컨슈머라고 느껴지는 경우도 있다. 가끔 억울해서 속상한 경우도 있지만 이익보다는 처음의 초심을 지키고자 한다. 경험상 불만 고객들은 대부분 내가 불편을 진심으로 해결해드리면 90%는 고객의 친구들을 나의 고객으로 만들어주었다.

이제는 단골들이 본인이 받은 상품에 문제가 있는 경우 나에게 전화해 알려준다. "나는 연풍댁을 알아서 부족한 상품을 받아도 이해되지만, 혹시 다른 고객 상품에 문제가 있을 수 있으니 좀 확인해보세요." 가끔 나에게는 택배가 온다. 직접 만든 쿠키, 아이스팩 등 1회용 포장재를 모아두었다가 재사용하라고 다시 보내주는 고객들이 있다. 고객에게 이런 사려 깊은 보답을 받는 판매자는 거의 없을 것이라 생각한다.

돈 되는 농사를 만들다

이렇게 시작한 직거래의 매출은 첫해에 400만 원이었지만 다음 해에는 2,000만 원으로 오르더니 매해 수직 상승하기 시작했다. 생산하는 농산물을 한꺼번에 시장에 보내어 팔 수는 없지만, 직거래는 매일 꾸준하게 판매가 되었다. 더불어 가격도 안정이 되었다. 도매 시장가격의 변동과는 별개로, 일정한 가격으로 판매를 하니 매출도 안정되었다. 직거래라고 하여 가격이 도매시장보다 늘 좋은 것은 아니다. 전국적으로 작황이 안 좋을 때나 명절 때는 시장가격이 많이 높아지지만, 판매가격을 일정하게 유지하고자 노력한다. 2~3년이 지나자 직거래 매출이 1억이 넘기 시작했다.

몇 해 동안의 온라인 직거래 경험에 의해, 가급적 밭으로 나가 일하는 시간을 줄이려고 한다. 농부가 밭에 나가는 것은 당연하다. 하지만 직거래를 통해 소비자를 만나고자 한다면, 밭이 아닌 컴퓨터 앞에서 일을 해야 한다. 온라인으로 농산물을 판매하고자 한다면, 가족 중 한 사람은 판매에 집중해야 한다. 네이버에 사과라는 단어를 검색하면 100만 개가 넘는 상품이 검색된다. 이 많은 상품 중 고객의 선택을 받을 수 있는 상품은 몇 개 되지 않는다. 판매자는 늘 온라인 시장의 변화에 주의를 기울여야 한다. 고객은 빠른 응대와 빠른 배송을 요구하지만, 밭에서 일하는 농부가 고객의 속도에 맞추기란 쉽지 않다.

3

목표가
바뀌었어요

너무 높게 나는 것보다 너무 낮게 나는 것이 훨씬 더 위험할 수 있다. 왜냐하면 '안전하다'라는 착각을 주기 때문이다. 우리는 낮은 기대와 소박한 꿈에 만족하고, 자신의 능력을 과소평가하면서 안전하다는 느낌 속에서 살아간다.

- 세스 고딘, 「이카루스 이야기」 중

나의 이름은 연풍댁입니다

온라인에서 나의 닉네임은 연풍댁이다. 연풍댁이라는 이름은 도시에서 태어나 도시에서 자란 내가 결혼해 연풍이란 시골에 살게 되면서 친정엄마가 재미삼아 부르시던 이름이었다. "연풍댁, 언제 집에 올래?" "연풍댁, 밥은 먹었니?" 돌아가셨지만 지금도 나에게 전화하시던 엄마의 목소리가 들리는 듯하여 연풍댁이라는 이름도 정겹다. 매출이 안정되고 직접 생산한 농산물만으로는 부족해서 주변 농가의 농산물을 매입하기에 이르렀다.

농업의 문제는 4~5개월의 수입으로 1년을 보내야 한다는 것이다. 수확 시기에만 매출이 생기므로 봄부터 여름까지의 투자 시기에는 경제적인 어려움이 발생한다. 안정적인 소득을 만들기 위한 고민이 시작되었고, 생산 외에도 하고 싶은 일들이 생겨났다. 농원에서 먹거리를 구입하는 단골들과 같이 소통하고, 신뢰를 바탕으로 단단한 관계를 맺을 수 있는 방법과 더 많은 단골을 확보할 수 있는 체험 농장 프로그램에 대한 관심이 생겼다. SNS, 오픈마켓 등 여러 플랫폼에 대한 공부, 마케팅에 대한 공부 등은 꾸준히 해오고 있었으나 농원의 미래 등에 대한 고민이 많아지기 시작했다.

그쯤 aT한국농수산식품유통공사 CEO MBA 과정에 운 좋게 입학하게 되었다. 중견 식품기업의 대표들과, 식품업계에서 다른 일을 하는 대표들과의 교류를 통해 경영인으로서 나의 부족함을 느끼게 되었다. 부족함을 느꼈지만 뒤처지지는 않았다. 적극적으로 그분들의 자세를 배우기 위해 교류하였다. 농원의 체계적인 성장을 위하여 6차 산업 인증 컨설팅을 시작하였다. 6차 산업 인증 컨설팅을 진행한 강덕봉 대표님의 첫 질문은 바로 이것이었다.

이 컨설팅의 최종목표는 무엇인가요?

돌아가신 시아버님 대부터 내려온 과수원은 남편이 20여 년 넘게 해온 일이므로 기반이 닦여 있었다. 내가 한 일은, 이미 닦여진 농원이라는 기반에 농산물 유통 채널을 만들어낸 것뿐이었다. 혼자서 온라인 매출을 만들어내는 것은 많은 업무가 뒤따랐다. 매출이 늘어날수록 점점 시간이 없어졌고, 농원의 수확이 끝나고 김장배추 시즌이 끝나는 12월 초가 되면 과로로 병원 신세를 지기도 했다. 남편은 무리하지 말 것을 나에게 여러 번 당부했지만, 나의 의도와 상관없이 내가 책임져야 할 일들은 점점 늘어났다.

시골에서 온라인으로 판매를 하고자 한다면 판매와 생산을 분리하여 각자 책임져야 한다. 생산은 남편이 하고, 판매는 내가 책임져야 했다. 생산은 퇴근하면 쉴 수 있지만, 판매는 이른 새벽부터 밤늦게까지 고객과 SNS로 소통하고 주문부터 택배 발송까지 모든 것을 책임지기 때문에 퇴근이 따로 없다. 고객이 늘어남에 따라 판매 관련 업무만으로도 24시간이 부족할 만큼 일이 많아지기 시작했다.

"왜 목표 없이 일만 해야 하지? 삶의 목표를 돈에 두면 안 된다."

돈은 많을수록 좋지만, 두 부부가 시골에서 살아가는 데 많은 돈이 필요한 것은 아니다. 이것은 우리가 늘 고민했던 주제였다. 이 질문은 남편과 나의 목표가 무엇인지에 대해 깊이 성찰하는 계기가 되었다. 이 컨설팅으로 인해 삶의 좌표를 바꾸게 되었다. 시작은 6차 산업 인증이 목표였지만 강덕봉 대표님과의 컨설팅을 통해 사회적기업 설립으로 방향이 전환되었다.

"이 컨설팅의 최종목표는 무엇인가요?"

이 질문에 대한 진지한 고민과 함께, 여러 번의 진솔한 컨설팅 이후 우리 부부의 목표는 돈만 많이 버는 농원이 아니라 지역사회의 취약계층과 함께 성장하는 사회적기업으로 변경되었다. 단순히 농원을 성장시켜 안정된 매출을 만들고자 했던 나의 목표는 조금 다른 방향으로 수정되었다. 단순히 많은 매출을 통해 이윤만을 추구하는 것이 아니라 지역사회의 구성원과 함께 성장하는 기업이라는 목표가 생겨났다.

사회적기업이 우리의 목표

봄부터 우리 집 현관 앞은 먹을 것들로 넘쳐난다. 이른 봄 냉이부터 달래 두릅, 상추에 이르기까지 누가 가져다 두었는지 모르지만 검은 봉지에 먹을거리들이 담겨 있다. 처음에는 별다른 생각 없이 감사히 먹기도 하고 지인들에게 다시 나누어주기도 했다. 그런데 남편의 이야기를 듣고는 그 먹거리들을 보는 관점이 조금 달라지기 시작했다. "아랫동네 누구네는 연탄 값이 없을 만큼 어려워. 이제는 아주머니가 일도 못 다니시는데, 그래서 노인정에 나온 쌀을 가져다드렸어."

'아! 그 누구네는 지난여름 현관 앞에 열무를 두고 가신 아주머니 댁이었지.' 내가 생각 못한, 먹거리 넘쳐나는 풍요로운 시골의 뒷모습이다. 흔히 뉴스에 나오는 복지의 사각지대이다. 자녀가 있어 기초생활수급자로는 등록할 수 없지만, 자녀들이 돌보지 않아 경제적 형편이 어려운 분들이 농촌에는 많이 있다. "시골 어르신들은 집이 매우 낡았는데, 겨울 난방비조차 없는 분들이 많아. 당신이 그분들에게 도움이 되는 일을 하면 어때? 아직은 멀지만 우리가 일을 할 수 없는 나이가 되었을 때, 젊어서 의미 있게 일했다는 생각을 할 수 있으면 좋겠어." 남편의 제안이었다.

여러 번의 컨설팅 이후 사회적기업으로 방향을 정하게 된 데에는 남편의 의견이 컸다. 남편은 선친께 이어받은 농원을 지키고, 선친의 발자취에 누가 되지 않기를 바라는 사람이다. 더불어 본인이 태어나고 삶의 마지막을 보낼 연풍이라는 지역에 대한 애착이 강한 사람이다. 10여 년 동안 이장을 하면서 마을의 상황을 속속히 알고 있는 남편으로서도, 개인의 힘으로는 지속적인 도움을 줄 수 없다는 한계로 인해 고민을 많이 하고 있었다고 했다. 이때부터 농촌에서 사회적기업이 할 수 있는 일이 무엇인지 길고 힘든 공부가 시작되었다. 막상 사회적기업으로 나아가려고 결정을 하고 보니 준비부터 막막했다.

여름이 지나 충북 사회적기업 지원기관인 '충북 사회적 경제센터'에서 사회적기업 지정을 위한 첫 상담을 시작했다. 이후 몇 차례의 상담을 통해 법인 또는 단체여야 사회적기업 신청 자격이 주어진다는 것을 알게 되었고, 11월말 농업회사법인 ㈜가시버시를 설립하였다. 이듬해 2021년 5월 예비 사회적기업 지정을 받게 되었다.

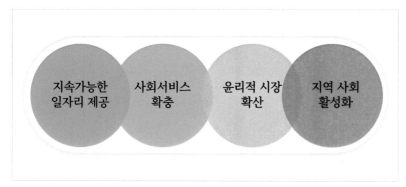

사회적기업이란

예비 사회적기업이 되다

경험이 없던 나로서는 지정을 받기까지 법인 정관, 이사 선임, 출자금 등 사소한 하나하나가 매우 어려웠다. 사회적기업은 취약계층을 고용하고 기업을 운영하며 취약계층에게 도움이 되도록 수익을 나누는 기업이다. 영리 기업이 주주나 소유자를 위해 이윤을 추구하는 것과는 달리, 사회적기업은 사회 서비스를 제공하고 취약계층 대상으로 일자리를 창출하는 등, 사회적 가치를 조직의 주된 목적으로 한다는 점에서 차이가 있다. "옛말에 돈은 뭐처럼 벌어도 정승같이 쓰면 된다고 했는데요?" 충청북도 사회적기업 지원기관과의 첫 상담에서 내가 당당히 이야기했다. 상담하던 담당자의 당황하던 표정이 지금도 기억난다. 사회적기업이 추구하는 방향이 무엇인지조차 이해하지 못하고 사회적기업이 되겠다고 하니, 우물에서 숭늉 찾는 격이었던 것이다.

오랫동안 알고 지내는, 기업 운영을 오래 한 ○○ 대표는 돈으로 기부하는 것이 사회적기업보다 쉬운 일이니 힘든 길을 가지 말고, 착한 일을 하고 싶다면 기부를 하라고 조언했다. 사회적기업도 이윤을 추구하는 기업이므로 반드시 돈을 잘 벌어야 기업이 생존할 수 있다. 사회적기업이라고 비즈니스를 적당히 해서는 안 된다. 열심히 돈 버는 기업이 되어야 한다. 농업을 통한 이윤 추구와 사회적 가치의 공존을 같이할 수 있는 기업이 되려면, 적절한 비즈니스 모델을 찾는 것이 중요하다.

구분	사회적기업	예비사회적기업(지역형/부처형)
자격부여	고용노동부	광역시/군,관련부처
인증/지정 요건	1. 조직형태: 법인 및 비영리민간단체	좌동
	2. 유급근로자를 고용하여 영업활동 수행	
	3. 사회적 목적 실현	
	4. 이해관계자가 참여하는 의사결정구조	해당 없음
	5. 영업활동을 통한 수입(총수입≥노무비*50%)	
	6. 정관/규약 등을 갖출 것	좌동
	7. (상법상 회사)이윤의 2/3이상 사회적 목적 재투자	
신청 자격기간	연중접수(격월을 원칙으로 실시)	연중 1-2차 일정공고
	인증 취소, 반납 전까지 유효	최대 3년

출처: [사회적기업 진흥원] 사회적 경제기본교육안 (교재 및 교수학습과정안)

사회적기업의 인증요건

처음에는 예비 사회적기업에 선정되었다는 사실조차 믿기지 않아 복권에 당첨된 느낌이었다. 혹자는 지역 안배가 있어 운이 좋았다고도 이야기했다. 이후에 전해들은 이야기로는 지역 안배보다는 사업계획서에 목표하는 가치를 잘 표현해야 하고, 기업 경영의 비즈니스 모델이 명확해야 한다고 한다. 나름대로 긍정적으로 시작했다는 안도감이

들었다. 이 사회적기업을 앞으로 어떻게 운영해야 하는지 고민이 되었
다. 사회적기업은 사회적 경제 안에서의 협업을 중요한 가치로 여기므
로, 무엇을 협업해야 할지, 어떻게 운영을 해야 하는지 등 고민이 더욱
많아졌다. 사회적기업 진흥원에 공고가 올라오는 교육은 가능한 다
신청하여 청주로 아산으로 계속 교육을 받으러 다녔다. 지역사회 공헌
형 예비 사회적기업으로 지정을 받았으나, 어떠한 방법으로 지역사회
공헌에 접근하는지, 그리고 어떻게 그 과정에 가치를 부여할 수 있는
지는 숙제로 남았다.

가시버시 사업모델

4

농사도
돈이 될 수 있다

~~~~~~

고통이 남기고 간 뒤를 보라! 고난이 지나면 반드시 기쁨이 스며든다.

- 괴테

돈 되는 온라인 농산물 마케팅

농사로 돈을 벌고 싶다면 안정된 판로를 만드는 것이 첫 번째이다. 직거래를 통해 한 명의 고객이 10명의 고객이 되는 경험은 매우 중요하다. 그 과정에서 중요한 것은 고객의 눈높이에 맞춘 상품 기획과 배려이다. 내가 온라인에서 물건을 구매해보지 않고 판매만 해보고자 한다면 고객을 이해하기 어렵다. 먼저 SNS에 익숙해지도록 노력해야 하고, 소셜미디어를 통한 판매가 어떻게 이루어지고 있는지를 이해하고 있어야 한다. 돈이 되는 온라인 농산물 판매를 하고 싶다면 먼저 온라인에서 구매를 해보고 소비자의 입장에서 냉정한 판단을 하기를 권한다. 내가 소비자라면 이 가격에 이 상품을 구매하고 만족할 수 있는가에 대한 판단이 첫 번째일 것이다.

도시인이 접하지 못하는, 시골에서의 다양한 경험을 나누기에는 SNS가 좋은 소통의 방법이다. 블로그, 페이스북, 유튜브, 인스타그램 등 많은 SNS 채널이 있지만 처음부터 여러 종류의 SNS 채널을 운영하기보다는 하나의 채널을 꾸준하게 운영하고 소통하는 것을 먼저 시작해야 한다. 어떤 SNS가 농산물 판매하기에 좋은가를 나에게 질문하는 경우가 있다. 나의 경우에는 밴드의 단골 고객들이 마케팅의 마중물이 되어준다. 오래된 단골들이 많이 있는 공간이므로 내가 하고 있는 일들에 대한 이해와 배려를 해주는 사람들이 대부분이다. 판매자이지만 늘 편안한 공간이다. 하지만 지금 밴드가 좋다고는 이야기하기 어렵다. 내가 처음 판매를 시작했을 때는 밴드도 막 시작하는 시기였다. 덕분에 상품을 구매한 고객들에게 확인 문자를 보낼 때 밴드 링크를 같이 보내면 일부 사람들은 밴드로 유입되었다. 인스타그램은 지금 대세이지만 외국 기반의 채널이므로 운영자로서는 많이 불편하다. 하지만 판매자로서는 정말 매력 있는 온라인 채널이다. 나도 팔로워가 1,000명이 넘어가고부터 매출이 일어나기 시작했다. 개인이 시작하는 시기에 따라 각 SNS의 매력이 다를 수 있다.

장기적인 사회적기업으로서 농업 비즈니스 모델을 만들어나가는 것은 많은 고민을 하게 하였다. 주변 농가의 농산물을 매입하여 판매하는 활동은 기본적인 유통일 뿐이다. 단순히 조금 더 후한 가격으로 매입한다는 것은 농업 분야에서 좀 더 가치 있는 일을 하고자 하는 목적에는 미흡하다고 여겨졌다. 농산물 유통 판매 분야에서 주변 농가에 판매에 대한 경험을 제공하고 지속 가능한 성장을 하도록 돕기 위해, 내가 잘할 수 있는 일로 주변 농가에 재능기부를 해보기로 했다. 코로나 이후 온라인 쇼핑의 성장은 더욱 빠르게 이루어지고 있었고 지금의 대세는 라이브 커머스이다. 라이브 커머스는 라이브 쇼핑을 말하는 것이다. 나 역시도 처음 라이브 쇼핑을 시작하였을 때는 많이 부끄러웠고, 5분의 시간조차 진행하기가 어려웠다. 여러 번의 교육과 경험을 통해 라이브가 두렵지 않게 되었다.

나도 라이브로 농산물을 팔아볼까?

'내가 주변 농가들을 찾아다니며 라이브 쇼핑의 경험을 하도록 도움을 드리자.' 라이브 쇼핑을 경험한 후, 생각보다 온라인 쇼핑이 어렵지 않다는 것을 느낀다면 농가들도 관심을 갖고 도전해볼 수 있을 것이라 생각되어 단순하고 무모한 도전인 듯했지만 시작하게 되었다. 가시버시농원의 온라인 채널을 활용하고, 농업기술센터 관계자, 괴산군 농산물가공협동조합, 나의 인스타그램 친구들의 도움을 얻어 괴산에서 라이브 커머스 경험 기회를 제공하였다.

라이브 커머스 진행과 성과

"안녕하세요? 연풍댁입니다. 오늘은 연풍이 아닌 천안에서 단골 님들을 만나뵙게 되었어요. 이곳은 천안 ○○농원으로, 오늘은 ○○농원 농부님과 함께 맛있는 배를 소개시켜드리려고 합니다. 대표님! 소개 부탁드립니다."

라이브 쇼핑을 하는 것을 처음 본 주변 농민들은 무척 신기해한다. 직접 해보라고 권하면 손사래를 치며 못한다고 한다. 하지만 라이브 중 본인들의 상품으로 설명을 유도하면 상품에 관한 이야기를 논리적으로 잘 풀어낸다. 직접 키우는 작물이므로 싹이 나고 열매가 익어가는 과정을 아주 상세하게 설명하고, 단어 하나하나에 자부심이 느껴진다.

이 경험 이후에 사회적기업의 사회적 농업에 대한 생각을 구체적으로 정리할 수 있게 되었다. 농산물 생산에만 집중하는 것이 아니라 농산물 온라인 유통을 통해 농산물의 경제적 가치를 높이고, 역량이 있는 농가들은 직접 온라인 판매를 할 수 있도록 도움을 제공하는 것으로 지역사회 공헌 활동을 하기로 결정했다.

여름에 마당 가득 있는 먹을거리들, 평생 농부로 살아 허리가 90도로 굽은 어머니들, 경제적으로 어려운 소외계층, 이 세 가지를 연결해서 생각했다. 농업의 생산적 가치와 착한 소비의 긍정적 가치를 찾고 소외계층에 대한 지원도 할 수 있을 것이라는 확신이 들었다. 가시버시는 처음으로 돌아가 농업의 사회적 가치를 이루는 방법으로, 농부가 직접 판매할 수 있는 새로운 유통의 길을 열고자 한다. 돈을 벌되 돈을 목표로 하지 않는 연풍의 연풍댁, 괴산의 가시버시는 농부의 땀을 돈으로 만들어 돌려주는 기업이 되고자 한다.

일자리 제공형	조직의 주된 목적이 취약계층에게 일자리를 제공
사회서비스 제공형	조직의 주된 목적이 취약계층에게 사회서비스를 제공
혼합형	조직의 주된 목적이 취약계층 일자리 제공과 사회서비스 제공이 혼합
지역사회 공헌형	조직의 주된 목적이 지역사회에 공헌
창의/혁신형	사회적 목적의 실현여부를 계량화하여 판단하기 곤란한 경우

사회적기업의 유형

사회적기업으로 성장하려면 대표자의 자질과 학력도 중요하다는 생각에 추천을 받아 호서대 창업대학원에 진학하게 되었다. 그곳에서 만난 박남규 교수님은 기존의 내가 알고 있던 교수님들과는 완전히 다른 분이셨다. 그분과 함께 하는 수업은 새로운 관점을 만들어주었고, 덕분에 농촌에서 가시버시의 미래를 다시 디자인할 수 있게 되었다.

농업이 인정받는 세상을 꿈꾸다

2020년 12월 1일 농업회사법인 ㈜가시버시 설립 이후 1년간 정말 많이 힘들었다. 판매자로서 관리하는 모든 온라인 채널 관리와 고객 응대, 법인 대표자로서 해야 할 일과 받아야 할 교육, 컨설팅은 넘쳤지만 오롯이 혼자서 해야 하는 일이었다. 너무 많은 업무로 번아웃이 왔고, 고객에게 문자 한 통도 넣기 힘든 상황에 이르렀다.

그때 누군가 책의 한 구절을 이야기해주었다. "지금은 직업이 바뀌는 시기라 힘든 거야." 다시 일을 하고자 하는 에너지가 생겨났다. 농산물 소비자에서 판매자가 되었던 것처럼, 농산물 판매자에서 사회적기업가로 거듭나야겠다는 생각으로 다시 일을 할 힘을 냈다.

사회적기업은 국가로부터 인건비, 사업개발비 등의 지원을 받을 수 있다. 이러한 혜택 덕분에 간혹 사회적기업을 설립하고자 상담하는 분들이 있다고 한다. 이러한 분들은 상담 이후에 다시는 지원센터를 찾아오지 않는다고 한다. 자세히 들여다보면, 사회적기업은 사회적 책임에 따라 그만큼 어렵고 힘든 일을 해야 하기 때문에 지원을 해주는 것이다. 지원이 많은 만큼 책임져야 할 의무 역시 많다. 단순히 정부의 지원만을 목적으로 한다면 사회적기업은 맞지 않다.

오롯이 혼자서 일을 하면서 많이 힘들었을 때 사회적기업 일자리창출 지원사업 공고가 났다. 물론 지원 서류도 내가 다 작성해야 하는 힘든 과정이었으나, 감사하게도 근로자 2명의 인건비에 대한 일부 지원을 받을 수 있게 되었다. 직원을 채용한다는 것은 비용 면에서 매달

급여를 지급하는 것뿐만이 아니라 지출하지 않던 보험료, 퇴직연금, 운영비 등 많은 고정비 지출이 따라오게 된다. 기업이 성장하는 과정에서 직원의 고용을 통한 다양한 협업은 매우 필요한 부분이지만, 재무구조가 취약한 초기의 기업에는 인건비에 대한 부담은 경영주에게 큰 부담이 된다. 그러므로 인건비의 지원을 받는다는 것은 금액의 일부라도 기업 운영에는 큰 도움이 된다. 농업에서는 밭에서 일하는 근로자의 채용이 당연시되지만, 사무직에 대한 고용은 쉽지가 않다. 하지만 사무실에 나와 같이 일할 직원이 있다는 것은 더욱 발전할 수 있는 기회가 되었다. 내가 기존에 하던 고객 관련 업무를 직원이 처리해주기 시작하면서 나의 상황도 좋아지기 시작했다. 그동안 하고 싶었으나 혼자서 할 수 없는 일들을 시도해볼 수 있는 기회가 생겼고, 내가 갖지 못한 다양한 생각들을 함께 나눌 수 있는 기회가 되었다.

구분	직접지원	간접지원	
		공통	개별
사회적 기업	· 인건비 · 사회보험료 · 사업개발비	· 판로지원 · 교육 및 홍보 · 컨설팅 · 창업 및 운영 · 정책자금 융자	· 세제 (법인세, 소득세, 부가세 감면, 기부금 인정 등) · 모태펀드 운영 등

출처 : 사회적기업진흥원

사회적기업 지원제도

가시버시는 이제 우리 부부만의 것이 아니라 우리 팀원들, 지역 농부들과 함께하는 사회적기업 가시버시로 나아가게 될 것이다. 농업의 사회적 가치 구현은 우리가 살고 있는 자본주의 세상과 맞지 않다고 할 수 있다. 현재의 농업에는 많은 자본이 필요하며, 주로 기후의 영향이 크지만 매해 다른 경제적 가치를 보여준다. 농업은 노동집약적이고 생산 환경을 예측하기 어려운 분야이므로, 대량생산과 박리다매라는 형태를 접목할 수 없는 생산 영역이다. 온라인 세상에서 농산물 판매를 하기 위해서는 농부 한 명이 감당해야 할 영역이 너무나 많다. 내가 초기에 경험했던, 10만 원짜리 사과가 7,000원이 되는 경험은 농업 분야에서는 늘상 있는 일이다. 이러한 일을 생각한다면 경제적 가치 면에서 보상이 너무 약하다. 투자비 대비 효율이 낮은 분야가 농업이다. 하지만 농업의 가치를 이해하는 도시의 소비자들과 함께하는 농산물 유통을 발전시킨다면 분명히 농업의 경제적 가치는 인정받을 것이다.

서울 토박이가 농부와 결혼하여 어느덧 10여 년이 지났다. 결혼 전 남편과의 어색한 첫 만남 이후 두 달 정도 지나 민속촌에서 얼굴을 보았다. 12월 추운 겨울이었으니 민속촌에는 사람도 별로 없었고, 간식거리라고는 길거리 군밤뿐이었다. 남편은 새까맣게 탄 군밤 껍질을 투박한 손으로 까서 알맹이만 나에게 주었다. 이른 새벽 소 밥 주고, 농사일 정리 후 출발해야 해서 아침도 굶고 왔다는 것은 나중에 알게 된 일이다. 지금도 가끔 부부싸움을 할 때면 그 투박한 손을 생각한다. 우직하고 무던한 농부의 손을 생각한다. 우리네 농부들은 농사일로 단련된 그 투박한 손들을 가지고 있다. 그 손으로 키워내는 농산물의 가치를 소비자 누구나 알고 있을 것이라고 믿는다.

연풍댁은 산속 깊은 두릅 밭에 카메라 하나 들고 가서 도시인들에게 보여드리고, 농부와 소비자가 소통하고 모두 행복한 값에 판매할수 있는 능력 있는 농산물 유통 채널을 꿈꾼다. 가시버시는 찰옥수수수확하는 여름이면 단골 고객들과 큰 가마솥에 옥수수 삶아 먹고, 복숭아 밭에 가서 복숭아 따먹고, 돌아가는 길에 풋고추, 상추 들려보낼 수 있는 인심 넉넉한 고향집이 되고자 한다. 괴산의 작은 마을연풍 토박이 농사꾼 주인장과 옆지기 연풍댁은 농업이라는 울타리 안에서 농부들의 손을 잡고 돈 되는 농업을 꿈꾼다. 아직은 너무나 이상적이고 먼 길이지만 타박타박 천천히 걷다 보면 우리가 꿈꾸는 사회적기업이 될 것이라고 기대한다.

30년 경력 사진작가도
반드시 지키는 사진의 기본

1. 30년째 사진을 배우는 사진작가
2. 잘 찍은 사진의 힘
3. 사진의 기록으로 돈을 버는 사람들

김영신
브랜딩 포토그래퍼

김영신 / 브랜딩포토그래퍼

◇ **학력**

호서대학교 글로벌창업대학원 창업경영학과 재학
세종사이버대학교 유튜버학과 재학
한국열린사이버대학교 뷰티건강디자인학과/창업경영컨설팅학과 졸업

◇ **경력 및 이력**

現 베다 스튜디오 대표(1997년 5월~)
결혼사진 촬영 6,000쌍 이상
프로필 촬영 3,000명 이상
서울·경남신용보증재단, 경기·충남·대구 인재개발원 등 다수 기관 출강
상명대, 한국폴리텍대, 송파 여성이음센터 강사
'서울의 매력' 콘텐츠사진영상 심사위원

◇ **주요 분야**

촬영(인물, 결혼, 프로필, 공연, 기업체 홍보, 인테리어, 음식 사진 등)
강의(DSLR 기초 심화, 스마트폰 사진 촬영 및 편집)
영상, 유튜브, 디지털 콘텐츠 강의

◇ **이메일 / SNS**

이메일: vedastudio@naver.com
블로그: 베다스튜디오
인스타그램: vedastudio1(메인) / vedastudio_travelphoto(여행)
페이스북: vedastudio
카카오톡: vedastudio

집필동기

미디어 시대, 우리는 하루에도 수많은 디지털 콘텐츠를 접한다. 사진은 일상과 늘 공존하고 있다.

대중들은 스마트폰을 통해 많은 정보를 습득한다. 한편 SNS, 유튜브, 틱톡 등에서 많은 콘텐츠를 생산하기도 한다. 피사체를 찍으며 의미를 부여하고, 기록함으로써 생각을 공유한다. 또한, 홍보와 정보 제공을 위해서도 사진을 찍는다.

그동안 사진은 비용도 많이 들고, 일반인들이 쉽게 접근할 수 없는 분야였다. 하지만 지금은 스마트폰의 발전으로 쉽게 사진을 찍을 수 있다. 평소에 좋은 사람들을 만나면 사진을 찍는 것이 어느새 일상이 되었다.

SNS가 강세인 시대에 사진의 중요성은 커지고, 표현량도 증가하고 있다. 매 순간 사진 촬영하는 것이 당연하고 그 사진을 자랑하고 간직하고 공감하는 일상이 되어가고 있다.

멋진 사진을 남기고 싶지만 잘되지 않았던 경험, 아마 누구나 있을 것이다. 사진은 자전거 타기와 비슷하다. 처음에는 어렵지만, 조금만 익히고 재미를 느끼면 쉬워진다.

이 글은 다음과 같은 분들을 대상으로 하여 꼭 알아야 할 내용을 사례 중심으로 쉽게 다루었다.

첫째, 스마트폰으로 제품 사진을 잘 찍고 싶은 1인 기업 또는 소상공인. 둘째, 특별한 장비가 없이도 그럴싸하게 사진을 잘 찍고 싶은 초보자. 셋째, 매출과 직결되는 사진 촬영에 관심이 많은 예비창업자.

1

30년째 사진을 배우는
사진작가

아마추어 사진가의 문제점 중 하나는 사진 찍는 이유를 모른다는 것
이다.

- Terence Donovan

사진, 그 끝이 없는 세계

어릴 때 아버지 손에 이끌려 따라간 흑백 암실에서 처음 사진을 접
했다. 자그마한 흑백 확대기에서 나온 빛이 인화지를 거쳐 사진으로
변하는 과정은 강렬하고 신기한 경험이었다.

그 후로 30년 이상 사진과 함께했다. 군대에서도 사진병으로 복무
했으며, 졸업 후에는 사진작가로 활동했다.

베다 스튜디오를 운영한 지 벌써 25년이 되었고 결혼사진, 개인 프로필, 인테리어, 상품 사진을 수없이 찍어왔다. 그러다 보니 서울 신용보증재단, 경기도 인재개발원 등 여러 기관에서 강의도 하고 있다.

이런 나조차도 아직 사진을 배우는 중이다.

좋은 사진이란 무엇인가?

잘 찍은 사진, 좋은 사진의 기준은 무엇일까? 단순히 구도를 잘 맞추고, 색상 배열과 디자인적인 측면이 조화를 이루는 사진일까?

내가 어릴 적에 사진이란 있는 그대로의 사진을 일컫는 것이었지만 시대가 지나고 장비가 발전함에 따라 사진이라는 것의 의미가 디지털 이미지로 변화하고 있다. 나조차도 아날로그 시절부터 지금까지 작업하면서 분리되어 있던 사진의 촬영과 현상이 디지털 시대가 되면서 경계선이 무너지고 보정 부분까지도 사진가가 보여줄 수 있는 사진의 영역이라고 말하고 있다. 흔히 알고 있는 포토샵을 통해 이루어지는 보정이라는 영역은, 우리가 보지 못한 부분과 피사체 일부분을 조절하고 단점을 보완해 더욱 나은 전달력을 지닌 이미지로 탈바꿈시킨다.

그림은 더하기 작업이지만 사진은 빼기 작업이라고 한다. 많은 것을 보여주는 것도 중요하지만, 주제를 돋보이게 하는 것이 올바른 사진의 전달력이다. 내가 의도한 생각과 찰나의 만남으로 사진이 만들어지는 것이다.

좋은 사진은 사진가의 의도가 정확히 전달되어야 한다.

좋은 사진은 시선을 끄는 힘이 있어야 한다.

좋은 사진은 이야기가 있어야 한다.

좋은 사진은 창의성이 있어야 하며 주제를 돋보이게 하는 당위성이 있어야 한다.

사진, 무엇이 중요할까?

유의미하거나 좋은 빛을 이용해 그 순간의 마음을 담아 간결하고 세련되게 다듬으면 바로 그것이 좋은 사진이다.

하지만 이것이 말처럼 쉽지만은 않다. 예를 들어, 음식을 먹기 전에 그냥 찍는 것은 사진이 아닌 기록이라고 말해야 정확하다. 누가 보아도 그 음식을 먹고 싶은 생각이 든다면 그것을 사진이라 표현한다.

그러면 사진에 있어서 무엇이 중요한 것일까? 먼저 효과적으로 표현하기 위해 주제를 명확하게 설정해야 한다. 거기에 상황에 따른 노출법, 렌즈를 다루는 기술, 프레임 구성이 뒷받침되어야 한다. 마지막으로 대상에 마음을 이입하여 내 생각을 표출해야 한다.

그래서 사진은 공부가 필요한 것이고, 음악, 영화, 여행, 독서를 통해 영감을 받는 것이 중요하다. 사진은 즐거움의 과정이 지속되고, 사소한 행복의 연속성을 쌓아서 만드는 바로 그것이라 생각한다.

사진에는 화려한 기술적 측면도 있지만, 일상 속의 성실함이 중요하다. 바로 나의 경험과 느낌이 묻어나오는 것이다. '빛으로 그리는 그림'이라는 표현처럼, 사진은 빛의 방향과 상태에 따라서도 완전히 달라진다.

실제로 사진을 찍을 때 빛이 어디서 들어오는지, 피사체에 잘 드리워지는지, 주제 표현에 맞는지를 확인한다. 같은 장소라도 종일 변화하는 빛에서는 전달성이 달라지기 때문이다. 사진을 찍는 사람의 의도와 목적을 잘 나타내는 빛이 좋은 빛이며, 그래야 결국 원하는 사진을 전달할 수가 있는 것이다.

정리해보자면, 사진을 찍는다는 것은 카메라를 활용하여 어떤 순간을 나만의 관점으로 내 생각을 사각 프레임에 담아내는 행동을 말한다. 좋은 사람을 만나면 즐겁고 재미있듯, 이런 자세로 사진을 대하다 보면 초보자도 분명 좋은 사진을 남기는 예술가가 될 수 있다.

이것이 내가 말하는 사진에 대한 자세이다.

퇴근길, 고단한 하루를 뒤로하고 집으로 향하는 평온한 순간

2

잘 찍은
사진의 힘

모든 사진 속에는 항상 두 사람이 존재한다. 사진가 그리고 감상자이다.

- Ansel Adams

전문가도 지키는 사진 촬영의 정석 10가지

나는 상업사진작가이다. 그래서 촬영 문의를 받는 경우가 많다. 그럴 때 가장 먼저 '어디에 쓰실 건가요?'라고 질문한다. 직업으로 사진을 찍기 때문에 막연히 그냥 찍는 사진은 없다! 나의 작가적인 고집도 있겠지만, 목적성이 없는 사진은 존재가 모호해지기 때문이다.

프로필 사진을 찍어도 어딘가에 제출하는 사진인지, 나만의 기념용

인지에 따라 목적이 생긴다. 더욱이 사람이 아닌 제품이라면 어떻게 촬영하느냐에 따라 매출이 달라질 수 있다. 판매가 목적이라면 명확한 방향성으로 기획하고 구성해야 한다.

전문가도 사진을 찍기 전에 꼭 지키는 기본 원칙이 있다. 지금 이 글을 읽는 당신만을 위해 촬영의 정석 10가지를 공개하려 한다. 이것만 알고 있어도 평소에 찍던 사진보다 훨씬 양질의 작품을 만들 수 있다. 심지어 매일 휴대하고 다니는 스마트폰 카메라를 활용하는 방법까지도 준비했다.

렌즈부터 닦아주기

이런 게 비법이냐고 물을 수도 있다. 하지만 원본 사진은 최대한 선명하게 만들어야 한다. 그러기 위해서 렌즈를 닦는 일은 기본 중의 기본이다. 특히나 오염물질이 묻기 쉬운 휴대폰 카메라는 촬영 전 렌즈 부분을 반드시 깨끗하게 닦아주는 것이 중요하다. 지문이나 이물질로 인해 선명하지 않게 찍히는 경우가 생각보다 많기 때문이다. 렌즈를 빛에 비추어보면 제대로 닦였는지를 알 수 있다.

스마트폰으로 촬영할 때는 빛이 얼마나 들어오는지를 확인해야 좋은 결과물을 얻을 수 있다. 시력 보호를 위해 블루스크린 기능을 사용하고 있다면 사진 촬영을 하는 동안은 잠시 꺼두기를 바란다. 이럴 때 화면 밝기는 최대로 올리고 블루스크린을 끄고 촬영하면 내가 원하는 색채의 사진을 얻을 수 있다.

셀카를 촬영할 때 예쁘게 보이기 위해서 필터 앱을 켜고 촬영했던 경험, 누구나 다 있을 것이다. 하지만 중요한 사진을 촬영할 때는 반드시 스마트폰에 기본 카메라 기능을 활용하여 촬영해야 한다. 각 제조사에서 제공하는 카메라 기본 앱을 사용해야 최상의 원본 사진을 찍고, 편집까지 쉽게 할 수 있다.

카메라 렌즈가 오염되었을 때와 렌즈를 닦았을 때 © 2022 VEDA STUDIO

떨림 없이 촬영하기

스마트폰도 카메라이기에 어두운 곳에서 촬영할수록 흔들림은 더 많이 발생한다. 사진은 빛으로 만들어지는 그림이다. 빛이 부족한 장소에서는 빛을 더 많이 담기 위해 셔터 속도가 느려지므로 고정 촬영이 아닌 이상 흔들림이 발생하는 것이다. 더 좋은 결과물을 얻기 위해

서는 카메라를 잡는 올바른 방법과 자세가 중요하며, 보조적인 삼각
대를 이용하여 흔들림을 최소화할 수도 있다.

같은 장소여도 낮과 밤에 사진 찍히는 시간이 다르다. 낮에는 '찰칵'
찍히고, 밤에는 '차… 알… 칵' 찍힌다고 표현하면 이해가 빠를 것이
다. 빛의 양 때문이라는 것은 위의 설명을 통해 알 수 있을 것이다.

흔들림 방지를 위해서는 물리적으로도 두 손으로 흔들리지 않게 카
메라나 스마트폰을 잡고 팔꿈치를 몸에 붙여주는 것이 안정적이다.

주제를 정하고 촬영하기

그냥 찍는 사진은 없다. 무엇인가를 인증하기 위한 기록용 사진이
아니라면 반드시 주제를 정하고 촬영해야 한다. 오랜 기간 프로필, 바
디프로필, 음식, 제품, 인테리어, 여행 등 다양한 주제의 촬영을 해왔
다. 촬영 주제를 정하면 컨셉을 정하고 그동안 촬영했던 사진을 참고
하거나 새로운 자료를 수집한다. 어떻게 찍어야 할지 모르겠다면 잘
찍은 사진을 벤치마킹해서 사진의 방향을 정해보길 추천한다. 나는
요즘도 프로필 사진 촬영이 있는 날이면 그동안 찍었던 사진 중 예시
가 될 만한 사진들을 펼쳐놓는다. 습관적으로 사진을 찍는 모델이 아
닌 이상 포즈 취하기가 쉽지 않기 때문이다. 찍히는 사람에게도 사진
을 찍는 목적을 묻고, 자료를 찾아보길 권한다.

다음의 3가지만 기억하면 사진을 찍는 사람과 찍히는 사람(혹은 제

품)이 같은 주제로 교감을 이루어 좋은 결과물이 나올 수 있다.

무엇을 찍을 것인가?
어떻게 찍을 것인가?
왜 찍을 것인가?

노출 맞추고 촬영하기

아무리 강조해도 지나치지 않은 사진의 중요 요소는 바로 빛이다. 노출은 이 빛의 양을 조절하는 것을 말한다. 찍고자 하는 사진의 적정한 밝기를 찾아주어야 한다. 스마트폰으로 촬영을 하면 주제가 되는 부분을 한 번 터치한 후 촬영하면 정확한 초점과 노출이 자동 설정된다.

노출 과다   노출 적정   노출 부족

© 2022 VEDA STUDIO

구도는 기본!

학창 시절 미술 시간에 황금분할이라는 말을 한번은 들어봤을 것이다. 황금분할은 사진에서도 적용된다. 사진을 촬영할 때 수직과 수평을 맞추는 것은 사진의 구도를 잡는 기본이다. 스마트폰에는 수직 수평 안내선(또는 그리드) 기능이 있다. 이 기능을 활성화하면 실제 찍히는 사진에는 나타나지 않지만 화면상에 수직선, 수평선이 교차를 이루는 격자가 나타난다. 구도니 황금분할이니 이런 단어가 어렵다면, 다 잊어도 이것만은 기억하자! 수직선과 수평선이 만나는 4개의 지점에 내가 찍고자 하는 피사체를 위치시키고 촬영해보자. 그러면 초보자도 안정적인 구도의 사진을 찍을 수 있다.

갤럭시	카메라 앱 설정 → 수직 수평 안내선
아이폰	설정 → 카메라 → 격자 활성화
LG폰	카메라 앱 설정 → 안내선 활성화

© 2022 VEDA STUDIO

화이트발란스 맞추기

화이트발란스란 화이트를 화이트로 보이게 만드는 것이다. '흰색이 하얗지 무슨 소리인가?' 할 수 있지만, 광원이라 불리는 빛은 시간에 따라 다르게 보인다. 분위기 좋은 카페, 깔끔한 느낌의 사무실, 석양, 한낮의 빛들은 다양한 색을 지니고 있다. 사진의 감성과 색을 생동감 있게 만들어주려면 반드시 촬영할 때나 편집을 통해 화이트발란스를 맞추자.

색온도 7000k　　　　색온도 자동　　　　색온도 3200k

색온도가 높을수록 차가운 느낌, 낮을수록 따뜻한 느낌을 준다.

© 2022 VEDA STUDIO

큰 해상도로 설정하고 촬영하기

해상도는 정해진 크기에 몇 개의 점으로 이미지를 구성하는지를 말한다. 예를 들어 흔히 알고 있는 5 × 7inch 사진을 출력하려면 사진의 해상도는 사진 크기 × 300이라고 생각하면 된다(5 × 7inch = 1500

× 2100 이상의 크기로 설정). 간혹 스마트폰 메모리가 부족할까 봐 사진 해상도 설정을 낮춰서 바꿔놓는 경우가 있다. 이럴 경우는 사진을 확대했을 때 사진 입자가 깨질 수 있다. 갤럭시 스마트폰 기준으로 S9 이후 모델은 자동 해상도가 설정되어 있다. 그 이전의 모델이라면 FHD(1920 × 1080)로 설정하고 촬영할 것을 권장한다.

라이브 포커스 모드와 인물 모드

배경은 흐릿하고 주인공만 또렷하게 찍은 인물 사진을 본 적이 있을 것이다. 피사체와 배경이 분리된 느낌을 통해 집중력을 올릴 수 있는

가까이에 있는 케이크와 중심에 있는 보자기를 주인공으로 만들어주는 아웃포커싱 기법

© 2022 VEDA STUDIO

사진 연출 기법이다. DSLR 카메라에서 조리개를 이용하는 기법으로, 이를 아웃포커싱 촬영이라고 한다. 이 기능은 스마트폰에서 제조사별로 '인물 모드', '라이브 포커스 모드', '스튜디오 모드'라는 기능으로 탑재되어 있다. 드라마틱한 효과의 아웃포커싱은 대상과의 일정한 거리를 유지해야 효과를 적용하여 촬영할 수 있다.

시점의 전환

대부분의 사람은 사진 촬영을 할 때 자신의 눈높이에 대상을 맞춰서 찍는다. 내가 찍기 편한 위치에서 말이다. 흔히 범하는 실수 중 하나가, 햇볕이 쨍쨍한 바닷가에서 아이들을 촬영하는 아버지가 눈부셔서 찡그린 아이들에게 재미가 없냐며 좀 웃어보라고 소리치는 광경이다. 하지만 이제부터 전문가 느낌으로, 내가 아닌 카메라가 좋아하는 위치에서 촬영해 보자. 여기서 찍든, 저기서 찍든 변화가 없는 사진처럼 보이는 것은 내가 편한 위치에서 촬영하기 때문이다. 이렇게 촬영한다면 원하는 사진을 얻지 못할

반사된 모습 찍기
© 2022 VEDA STUDIO

확률이 높다. 기존에 보았던 위치가 아닌 높은 앵글, 낮은 앵글, 정면, 바닥 등 다양한 앵글을 시도해보는 것은 어떨까? 때로는 역광이나 반사된 모습만 찾아서 찍어보는 것도 재밌는 결과물을 얻을 수 있다.

카메라와 빛의 궁합

사진에서 빛의 중요성은 가장 중요한 요소라고 해도 과언이 아니다. 여러 번 강조했지만, 사진은 빛으로 만들어지는 그림이기 때문이다. DSLR 카메라나 미러리스 카메라는 순간적으로 발광하는 빛(순간광)을 사용한다. 스마트폰 촬영, 유튜브 영상 촬영에는 계속 켜져 있는 빛(지속광)을 이용해 빛의 흐름을 보며 촬영할 수 있다. 대부분의 모든 사진은 자연광의 재현을 원칙으로 한다. 빛의 지속성도 중요하지만, 빛의 방향에 따라서도 주제의 이미지가 달라질 수 있다.

빛의 종류	직사광	밝은 날의 태양광
	확산광	구름 낀 날의 부드러운 광
	반사광	빛이 물체에 반사되어 나오는 광원. 부드럽고 따뜻한 느낌
빛의 방향	순광	피사체의 고유색을 살려주나 입체감이 약하다.
	사광	45도에서 오는 광. 입체감의 표현에 좋다.
	측광	옆에서 오는 광. 명암 대비를 극대화하고 표면 질감 표현에 유리하다.
	역광	피사체의 뒤에서 오는 광으로 극적 효과에 유리하다.

주제별 촬영에서 점검할 포인트

인물 사진 촬영하기

인물 사진을 촬영할 때는 항상 고객과의 소통을 기본으로 한다. 어떤 용도의 사진인지 소통 후, 시안 작업을 하고 촬영을 진행하는 순서이다. 사람들은 필요할 때 전문 작가에게 사진 촬영을 의뢰한다. 증명사진, 홍보용, 기관 제출용, 본인 소장용 등 반드시 사진 촬영을 할 때는 그 목적에 따른 규격과 주제에 맞춰 촬영을 진행한다. 스튜디오 촬영을 진행할 때는 깨끗한 배경을 이용할지, 인테리어 배경을 이용할지도 반드시 확인 후 촬영을 진행한다.

기본적인 스튜디오 라이트는 3개 정도의 라이트를 이용한다. 부드러운 프로필 촬영은 탑라이트라고 불리는, 위에서 내려오는 빛이 주광으로 사용된다. 이때 배경과 피사체의 거리에 의해서 뒤 배경이 어두워지기도 하고 밝아지기도 한다. 기본 라이트 세팅은 좌우 2개의 라이트를 이용하면 3:2 정도의 라이트 밝기를 설정해야 얼굴에 자연스러운 명암이 생긴다. 사진은 빛으로 만들어지는 그림이기에 빛의 위치와 강약에 의해서 전달력이 달라진다.

가장 많이 쓰는 앵글은 아이레벨과 낮은 앵글이다. 스마트폰으로는 인물에 가까이 가고 부드러운 빛이 나오는 그곳을 찾아서 사진을 촬영한다.

1. 발끝을 화면 하단에 맞추기　　**2. 수평 수직은 일직선으로**　　**3. 카메라 위치는 낮게**

4. 시선의 방향 . 한쪽 공간은 넓게　　**5. 트리밍 은 허벅지 종아리에서**

인물 사진의 기본 **팁**

　룩북이나 홍보용 사진을 촬영할 때의 팁이다. 얼마 전 사진 강의를 듣고 와디즈 펀딩에서 의류 판매를 준비하던 대표님이 연락을 해왔다. 미팅하면서 중요한 몇 가지 사항을 체크했다.

제품의 런칭 시기
판매 타겟
제품의 소재
모델의 느낌
배경 색상

　충분한 논의 끝에 방향성을 잡고 촬영을 진행하였다. 우리가 찍는 사진은 반드시 목적과 방향성을 정하고 촬영을 진행하여야 한다. 특

히 제품과 관련된 사진은 직접적으로 매출에 영향을 주기 때문에 더욱더 그렇다.

와디즈 펀딩에서 판매를 진행한 의류 룩북은 3개의 라이트를 사용했다. 위에서 내려오는 탑라이트가 메인으로 사용되고 뒤 배경에 그림자를 만들어서 포인트를 주었다. 그러기 위해서 우측에 비추어지는 라이트의 강도를 4, 좌측 라이트는 1 정도의 강도로 촬영을 진행하였다.

사진은 제품의 매출을 좌우하는 요소가 될 수 있다.

음식 사진 촬영하기

몇 년 전 A사에서 판매되고 있는 냄비 세트로 만드는 요리 100가지 촬영을 했다. 5개월간 진행하면서 많은 요리사, 푸드 스타일리스트, 요리책을 집필하시는 대표님과 다양한 생각을 의논했다. 준비 과정부터 개인 프로필까지 책을 출판하기 위한 과정과 글씨체, 소품 위치, 배경까지도 깐깐하게 점검하며 촬영을 진행했다.

음식 사진은 음식이 맛있게 보이도록 하기 위해 다른 촬영과는 다르게 뒤에서 들어오는 역광을 메인으로 촬영한다. 그 이유는 역광이 들어와야 음식에 실루엣이 생기고, 그림자로 인한 명암으로 더욱 맛있어 보이고 돋보이는 사진이 만들어지기 때문이다. 음식이라는 주제는 가장 쉽게 찍을 수 있지만 '무엇을 먹었다'라는 식단 기록용 사진이 아닌, 누가 봐도 맛있어 보이는 사진을 찍어보는 것은 어떨까?

사진 찍는 앵글은 45도 사선 항공 샷으로 촬영을 하고, 화이트발란스로 음식의 색을 맞춰서 촬영한다면 여느 전문가 부럽지 않은 사진을 찍을 수 있다.

역광과 45도 사선 항공 샷 구도를 사용하여 음식이 돋보이게 찍은 사진

© 2022 VEDA STUDIO

제품 상세페이지용 사진 촬영

제품 사진이라고 하면 사진작가가 전문 스튜디오에서 촬영하는, 매우 어려운 사진이라고 생각할 수도 있다. 하지만 스마트스토어나 온라인상에서 보이는 사진은 조금만 공부하면 쉽게 스마트폰으로도 촬영할 수 있다. 사진을 찍으면서 기본적인 것은 반드시 지키시고 원리를 이해하면 당연히 좋은 결과물이 나올 것이다.

소상공인이나 예비창업자들은 지속된 기획과 목표를 가지고 홍보를 진행할 것이다. 제품에 대한 정보 제공과 매출 증가를 위한 사진 촬영도 구상해야 한다. 이때 반드시 설득력이 강한 나만의 이미지 기획을 해야 승산이 있다. 아이템 선정을 하고 기획상품인지, 주력상품인지를 확인해서 마케팅을 위해 꾸준한 촬영으로 SNS 업데이트도 병행해야 한다.

스마트폰으로 촬영하는 것은 바로 찍고 바로 업데이트할 수 있지만, 스튜디오 촬영은 비용과 시간상으로 한정적이다. 대신 작업실이나 사무실에서 우드락 또는 화이트 배경을 이용하여 신속하고 지속적인 촬영을 해보자. 요즘은 SNS 마케팅도 단순히 제품만 알리는 것이 아니라 사진을 통해 소비자와 소통을 할 수 있는 수단이 되기도 한다.

제품은 정면 사진 촬영을 시작으로 넓게 찍기 시작해서 전경을 보여주고 조금씩 더 가까이 촬영을 진행한다. 디테일 컷을 촬영하여 상세한 부분을 표현한다.

3

사진의 기록으로
돈을 버는 사람들

××◇×

> 사진을 찍을 때 사실상 내가 하는 일은 사물에 대한 해답을 찾는 작
> 업이다.
>
> – Wynn Bullock

사진이 돈을 벌어주는 시대

전 세계를 상대로 비즈니스를 해보고 싶다는 꿈을 꾼 적이 있는 당
신이라면 지금부터 이어지는 이야기에 주목하라.

어느 날 사진 정리를 하다 보면 처음에는 1장으로 시작된 사진이 수
천 장 이상의 자료들로 남아 있다. 요즘은 저작권에 대한 규제가 철저
해서 간혹 임의로 다른 사람의 사진을 사용하다 문제가 생길 수도 있

다. 여행 사진이나 예쁜 반려견 사진, 맛있어 보이는 음식, 심지어 셀카까지도 간단한 등록 절차만 거치면 세계 곳곳에 팔 수 있다.

셔터스톡이나 어도비스톡은 고객에게 사진을 판매하거나 대여하는 방식으로 시작하였지만, 지금은 내가 가진 사진들을 사가기도 한다.

셔터스톡	https://shutterstock.com/ko/
어도비스톡	https://stock.adobe.com

어느 날 당신의 SNS에 업로드한 사진을 구매하고 싶다는 연락이 온다면 어떻게 하겠는가? 언제든 그런 일이 일어날 수 있으며 실제로 웹에 올린 사진을 구매하고 싶다는 요청이 오거나 개인 사진을 구매한다는 광고를 볼 수 있다. 그냥 자기 앨범에만 보관할 때는 가치가 없지만, 그 사진을 다른 곳에 쓸 수 있는 상품으로 바꾼다면 경제적으로 엄청난 잠재가치가 생겨나는 것이다.

설레는 지금의 순간을 공유하라

1990년대부터 다양한 디지털카메라의 생산이 시작되며 급격히 수요가 늘어났다. 시간이 지나면서 기술은 발전했고 미러리스가 출시되었다. 이젠 누구나 가지고 다니는 스마트폰도 삼성이나 애플 등 여러 제조사에서 카메라 기능에 많은 집중을 하고 있다.

　지금은 전문가조차도 스마트폰으로 찍은 사진을 구별하기 힘든 시대가 되었다. 그만큼 사진이라는 영역이 보편화되었다는 증거이다. 스마트폰 촬영 시 편집 프로그램(스냅 시드, 라이트룸, 포토샵)을 활용하여 더욱 높은 품질의 결과물을 내놓기도 한다. 그러다 보니 전문 사진작가인 나도 작업의 비중이 촬영과 편집이 반반으로 조절되었다. 하지만 원본 사진의 품질이 보장되어야 후편집에서 좋은 결과물이 나온다는 건 변함없는 사실이다.

　오랜 시간 동안 구상하고 기획하고 사진 촬영을 하면서 '사진'이라는 수단이 나에게 주는 의미도 변했다. 처음 시작은 막연하게 금전적 수입을 위해서 기계적으로 촬영을 하였다면, 지금은 꼭 여자친구를 만나러 가는 설레는 기분으로 카메라를 접하고 반가워한다.

　30년이라는 시간 동안 언제나 내 옆에 있어 주는 사진이라는 분야는 지금도 새롭고 설렘을 선사한다. 새로운 고객을 만나고, 새롭게 사진을 접하는 사람들에게 사진에 대한 강의로 정보를 제공하며 나 또한 다시금 공부를 할 수 있다는 것이 나에게는 작은 행복의 반복이라 할 수 있다. 이렇게 설레는 지금의 순간을 공유하고, 다시 꺼내볼 수 있도록 해주는 사진이라는 매체의 매력은 무한대이다.

사진, 잘 찍고 싶다면

사진은 빛으로 그리는 그림이다. 반복적으로 말해도 과하지 않을 만큼 중요하다. 그래서 사진을 촬영할 때는 반드시 빛의 위치와 방향, 그림자를 봐야 한다. 빛의 반대인 그림자가 있어야 사진의 명암과 입체감을 느낄 수가 있기 때문이다.

찍고자 하는 피사체가 생겼을 때는 많은 앵글에서 관찰하고 촬영을 시작해야 한다. 다양한 앵글과 구도에 따라 결과물은 매우 달라진다. 하지만 무엇보다 중요한 것은, 애정과 흥미를 갖고 많이 찍어봐야 한다는 점이다. 여행은 좋아하는데 사진을 많이 안 찍는다면, 여행지의 순간과 감성을 담은 사진은 존재할 수 없을 것이다. 나의 일상, 좋은 장소, 좋은 추억을 사진 앵글 안에 담아보면서 촬영의 양이 많아질수록 나의 사진은 점점 의미와 가치를 지니게 될 것이다.

"평생 삶의 결정적 순간을 찍으려 노력했는데, 삶의 모든 순간이 결정적 순간이었다."

필자가 좋아하는 사진작가 앙리 까르띠에 브레송의 말이다. 이 책을 읽고 사진과의 거리가 조금이라도 좁혀졌다면, 지금 당장 주머니 속 스마트폰을 꺼내 순간을 공유해보기를 바란다.

• 신유경 | 노하우창업디렉터

나의 창업 과정을 떠올리며 정리할 수 있는 좋은 시간이었습니다. 이런 기회를 주신 박남규 교수님과 한현정 대표님, 원우님들, 그리고 언제나 응원해주는 가족에게 감사의 뜻을 전합니다. 평범한 여성이 나만의 방식으로 '작지만 강한 비즈니스'를 만들어가는 이야기를 글에 담았습니다. 저의 경험이 그 누군가에게 도움이 되길 바랍니다.

• 권태신 | 의료서비스디자이너

작가가 된다는 설렘으로 호기롭게 시작한 글쓰기는 시간이 지날수록 마치 애벌레가 나비가 되기 위한 인고의 과정처럼 느껴졌습니다. 출판은 그간의 삶을 정리하는 시간이자, 미래를 꿈꾸는 시간이었습니다. 세상을 향한 날갯짓을 시작하는 나비를 위해 공저 출판을 함께해주신 모든 분들께 진심으로 감사드립니다. 특히 학업과 창업의 도전을 이어갈 수 있도록 힘이 되어주며 함께하는 언니 권태현 작가와 김경민 멘토 작가님께 고마움을 전하고 싶습니다.

• 박혜경 | 카페가치디자이너

글을 읽는 것도 힘들어하던 나로서는 책을 쓴다는 것은 상상도 할 수 없는 일이었습니다. 큰 용기를 내어 참여한 공저 출판이 마무리가 되고 책으로 나온다는 소식에 벌써부터 가슴이 설렙니다.

오랜 기간 동안 디자이너로 일을 했지만 그 가치에 대해 생각하지 못했는데, 이번 기회에 나의 가치에 대해 깊이 생각할 수 있었습니다. 끝까지 포기하지 않고 동참할 수 있도록 아낌없는 응원을 해주신 박남규 교수님, 한현정 대표님, 함께한 원우님들께 감사드립니다.

• 권태현 | 자기(自起)경력디자이너

글을 쓰고 피드백을 받을 때마다 말로는 이해하면서도, 막상 내 글에 어떻게 적용해야 할지 어려웠습니다. 쓴 글을 전부 지우고 고민하는 시간 속에서 드디어 마침표를 찍는 날이 왔습니다. 혼자였으면 할 수 있었을지 생각해봅니다. 이끌어주신 박남규 교수님과 한현정 대표님, 함께 해주신 작가님들 덕분입니다. 다시 한번 감사의 마음을 전합니다.

• 송정숙 | 신탁후견컨설턴트

퇴직하면 워킹맘으로 살아온 나의 이야기를 처음 쓰고 싶었습니다. 잠시 미뤄두고, 오로지 독자를 위한 글을 먼저 썼습니다. 어딘가에서는 "아하, 이런 제도도 있구나" 하면서 기뻐할 독자가 있을 것으로 기대합니다.

제가 쓴 「요즘 노후대비의 필수코스, 신탁과 성년후견제도」는 제 옆에 앉은 누군가에게 천천히 읽어주고 싶은 글입니다. "주제가 좀 낯설죠? 쉽게 말씀드릴게요. 한번 들어보세요" 하면서요.

글 쓰는 동안 반짝이는 아이디어로 지혜를 보태준 딸 민재, 뜬금없는 유머로 늘 웃음을 주는 아들 민수, 든든한 지원군 남편에게도 고마움을 전합니다. 하늘나라 먼저 가신 엄마, 아버지께도 첫 출간하는 책을 마음으로 제일 먼저 보내드립니다.

• 신승희 | 공간치유정리전문가

마냥 책을 쓰고 싶을 때가 있었습니다. 하지만 어떻게 시작해야 할지, 어떻게 써야 할지 막막했습니다. 그러다가 호서대 글로벌창업대학원에 오게 되었고, 빛과 같은 두 분 덕분에 이번에 두 번째 공저를 출간하게 되었습니다.

책을 쓰면서 공간치유정리전문가라는 퍼스널브랜딩을 만들었고, 그 속에서 내 일의 가치와 명분을 더 크게 발견하게 되었습니다. 두 번째 책을 낼 수 있게 아낌없이 지원해주신 한현정 대표님, 박남규 교수님께 감사드리고, 함께한 원우님들과 함께 이 행복을 나누고 싶습니다.

• 김성윤 | 팜마케터

'생각하는 대로 살지 않으면, 사는 대로 생각하게 될 것이다.' 포기하고 싶은 일이 있을 때마다 되뇌이는 말입니다. 개인의 삶이라고 생각했던 나의 이야기가, 시골에서의 삶을 꿈꾸는 독자에게 도움이 되기를 바랍니다.

책 출판이란 먼 나라의 이야기라고 생각하고 있던 나에게 용기를 주시고 이끌어주신 박남규 교수님과 한현정 대표님, 조언을 아끼지 않은 학우님들께도 감사드립니다. 끝으로 늘 용기를 주는 남편에게도 사랑한다는 말을 전합니다.

- **김영신 | 브랜딩포토그래퍼**

나의 이야기가 이렇게 책으로 나오게 될 줄은 꿈에도 몰랐습니다. 신기하기도 하면서 너무나 감사합니다. 기회를 만들어주신 박남규 교수님, 한현정 대표님, 멘토링을 해준 전혜린 동기님, 함께한 모든 작가님 진심으로 감사드립니다.